LES MATERIELS DE L'ARMEE DE I

GAMD

MIRAGE IV

du bombardement
à la reconnaissance stratégique

Hervé BEAUMONT

Profils couleurs de Nicolas GOHIN

HISTOIRE & COLLECTIONS

UN BOMBARDIER STRATEGIQUE POUR LA FRANCE

Après la fin de Seconde Guerre mondiale, qui avait vu les terribles effets des explosions atomiques sur le Japon à Hiroshima et à Nagasaki, il était apparu clairement aux dirigeants des grandes puissances que la possession de l'arme atomique conférerait à ceux qui la détiendraient : protection, paix et indépendance par l'effet de la dissuasion. Le Général de Gaulle avait cette conviction et conseillé par Raoul Dautry et Fréderic Joliot, créait le Commissariat à l'Énergie Atomique (CEA) le 18 octobre 1945.

Deux événements allaient lui donner raison au fil du temps. D'abord, en juillet 1956, lors de la crise de Suez en Égypte, déclenchée par son dirigeant, le colonel Gamal Abdel Nasser, qui déclarait vouloir nationaliser le canal éponyme.

LE CONTEXTE GEOPOLITIQUE DES ANNEES CINQUANTE

Cette crise majeure allait se terminer d'une piteuse façon pour les Français et les Anglais qui étaient intervenus militairement, à cause du refus des Américains de s'engager contre les Soviétiques qui soutenaient l'Égypte. Les États-Unis n'appliquèrent pas les accords de l'Alliance Atlantique, au prétexte du champ d'intervention de ce traité, limité à une agression des Soviétiques sur le seul territoire de l'Europe.

Les années qui suivirent furent à l'apogée de la tension de la guerre froide entre les États-Unis et l'Union Soviétique, lorsque survint la crise de Cuba. Dans cette grande île des Caraïbes, les Soviétiques avaient installé sur les bases cubaines des avions bombardiers et des missiles à moyenne portée à capacité d'emport d'ogives nucléaires, ce qu'avaient confirmé

Le Mirage IV 01 à l'atterrissage au retour de l'un de ses premiers vols à Melun Villaroche. **À noter la taille identique des roues des jambes des trains d'atterrissage. Le train auxiliaire fut modifié sur les avions de présérie.**

(Dassault Aviation)

Ci-contre.
Lors d'un salon du Bourget, Marcel Dassault au centre, entouré à sa gauche par le général de Gaulle et à sa droite par Pierre Messmer, ministre des Armées.

4

es missions de reconnaissance aérienne américaines. Ces armes, [dé]ployées à proximité des côtes des États-Unis constituaient une très gra[nde] menace. Après quelques jours de tension maximale et un début de blo[cu]s maritime de Cuba, l'état d'alerte nucléaire était décrété par le prési[de]nt John F. Kennedy. L'application de cette alerte majeure s'était concré[ti]sée par des mouvements d'avions, notamment de Boeing B-52 Stratofortress [po]rteurs de bombes atomiques, de navires et de sous marins lanceurs de [m]issiles à tête nucléaire ; qui ne pouvaient échapper aux observations des [m]ilitaires soviétiques. Kennedy menaça l'Union Soviétique de très graves [re]présailles en cas de velléité d'attaque. Le 28 octobre 1962, Nikita Khroucht[ch]ev annonçait le retrait des installations soviétiques de Cuba. Le princi[p]e de dissuasion nucléaire avait joué son rôle.

À cette époque, dans le cadre de l'Organisation du Traité de l'Atlantique [N]ord (OTAN), la France était couverte par le parapluie nucléaire américain [et] en 1958, l'Armée de l'Air disposait d'escadrons de chasse dotés de [N]orth American Super Sabre F-100F et F-100D (biplaces) stationnés en [Al]lemagne sur les bases de Lahr et de Bremgarten. Dès 1962, les Esca[dr]ons de Chasse 1/3 « Navarre », 2/3 « Champagne », 1/11 « Roussillon » [et] 2/11 « Vosges » se virent confier une mission de « strike », c'est-à-dire [d'a]ssaut nucléaire tactique, en emportant une bombe atomique tactique [d]emeurant sous le total contrôle des États-Unis.

Ainsi, la France était la seule grande puissance à ne pas posséder en [pr]opre d'une force nucléaire dont elle aurait la seule responsabilité de maî[tri]se en toute indépendance et d'engagement éventuel.

En parallèle, par la résultante d'une forte volonté politique, les efforts [tr]ès importants développés par les atomistes français débouchèrent sur [la] difficile mise au point d'une bombe atomique. Le 13 février 1960, la pre[m]ière arme atomique française explosait avec succès dans le désert du [S]ahara lors de l'opération « Gerboise Bleue ».

Il restait toutefois à développer les vecteurs capables d'emporter cette [ar]me au service de la dissuasion nucléaire française, au bénéfice de l'in[dé]pendance militaire du pays. Cette dissuasion nucléaire à la française [re]posait sur le principe du faible au fort, c'est-à-dire sur une force nucléai-

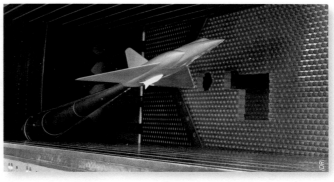

Ci-dessus.
Maquette du Mirage IV avec une charge à l'emplacement de la voûte bombe lors d'essais en soufflerie de l'ONERA à Modane.

Maquette de soufflerie en bois du Mirage IV pour essais aérodynamiques avec différents angles d'ouverture des aérofreins.

Ci-dessous, de gauche à droite.
Marcel Dassault.

Maquette initiale du Mirage IV, avec la première version de la trappe navigateur, dont la taille du vitrage fut réduite pour rigidifier la structure avant du fuselage.

re stratégique, capable de frapper un adversaire sur son propre sol en lui infligeant de terribles dommages, même si ce dernier est beaucoup plus puissant et mieux armé.

L'aboutissement de ce choix politique majeur s'était concrétisé par le désengagement actif de la France de l'OTAN en mars 1966.

LA JUSTIFICATION DU CHOIX DU MIRAGE IV

En France, l'immédiat après-guerre avait été une période riche en développements d'avions de combat destinés à diverses utilisations. Ces proto-

types étaient plus ou moins réussis, parfois totalement ratés, mais témoignaient d'un incontestable savoir faire. Le problème était qu'aucune véritable cohérence, aucune planification sérieuse, aucune coordination efficace, aucune globalisation vers des objectifs communs n'étaient en place. Les créations d'organismes d'État, comme la Direction Technique des Constructions Aéronautiques en 1961, allaient permettre une rationalisation des développements de l'industrie aéronautique française, dont le pouvoir politique souhaitait le maintien.

Trois vecteurs étaient possibles pour concrétiser la dissuasion nucléaire française : un avion, un sous-marin et un missile.

Le Mirage IV 01 à Melun-Villaroche enco
pourvu de sa dérive « cathédrale » sur laquelle était fixé
un tube de Pitot, comme sur la pointe avar
(Dassault Aviatio

6

Le développement d'un missile balistique, capable d'emporter des têtes nucléaires était extraordinairement complexe et allait notoirement prendre des années, (avec la mise en service des missiles Sol-Sol Balistiques Stratégiques — SSBS — du plateau d'Albion en 1971 ; tout comme le développement d'un Sous-marin Nucléaire Lanceur d'Engins — SNLE — capable d'emporter et de tirer du fond des mers plusieurs missiles Mer-Sol Balistiques Stratégiques — MSBS —, avec la mise en service du SNLE le Redoutable, armé de MSBS en 1971). En 1956, il apparaissait que le développement le plus rapide dans un délai acceptable, était celui d'un avion dédié au bombardement stratégique, capable d'emporter une bombe atomique.

UN DEVELOPPEMENT EXEMPLAIRE

Une fiche programme fut définie et à partir de 1955, l'État-major de l'Armée de l'Air tablait sur les développements du SO 4050 Vautour, le chasseur bombardier de la Société Nationale de Constructions Aéronautiques du Sud Ouest (SNCASO). Cette société avait conséquemment travaillé sur son successeur, le SO 4060, qui devait être supersonique, propulsé par deux moteurs de la Société d'Études et de Construction de Moteurs Aéronautiques, le SNECMA Atar 9, délivrant 4 700 kgp de poussée unitaire à sec et 6 000 kgp de poussée avec postcombustion.

Ce fut presque par hasard que la Générale Aéronautique Marcel Dassault (GAMD) fut impliquée dans le projet d'un bombardier. La société de Marcel Dassault travaillait en coordination avec les services officiels sur un projet dénommé Mirage IV dans la lignée d'évolution du Mirage III, qui avait fait son premier vol le 17 novembre 1956. D'incroyables maladresses budgétaires et un projet, qui sur le papier n'affichait pas les performances demandées, condamnèrent le sort des développements de la SNCASO, laissant seul en lice le projet du Mirage IV.

La fiche programme demandait un avion capable de voler à Mach 2 à 18 000 m, pouvant emporter une charge militaire de 1 000 kg à 1 500 km et retour, ou de 3 000 kg à 1 000 km. Le projet fut confié à la GAMD à Jean-Jacques Samin, Jacques Alberto, Jean Anglesio, Pierre Lacroix et Bernard Lhuillier, qui travaillaient sous la responsabilité technique de Jean Cabrière et d'Henri Déplante. Le marché de fabrication du Mirage IV fut notifié le 28 avril 1957.

Une multitude de projets de Mirage IV fut imaginée par les ingénieurs de la GAMD, notamment en fonction des différents types de moteurs dispo-

(Dassault Aviation)

Ci-dessus. Le Mirage IV 01 avec sa dérive réduite, rectifiée suite aux essais aérodynamiques menés en soufflerie. L'avion était configuré avec un réservoir ventral supplémentaire RS 21 de 1 600 l semi-encastré sous sa voûte bombe.

Ci-dessous.
Le Mirage IV A 02 pourvu d'un tube de Pitot dans le prolongement du nez, configuré avec un réservoir ventral supplémentaire RS 21 de 1 600 l à l'emplacement de sa voûte bombe.

(Dassault Aviation)

nibles à cette période. En parallèle, il était nécessaire de faire face à de nombreuses difficultés techniques.

D'abord les matériaux, le Mirage IV devant voler à haute vitesse et à haute altitude pendant une durée conséquente, l'avion allait être soumis sur son revêtement extérieur à un échauffement cinétique important : jusqu'à 125° au point d'impact malgré une température extérieure de − 55° et à des amplitudes thermiques fortes : de + 125° à − 20° dans les phases de décélération et de descente. Par effet de diffusion de la chaleur, des milliers de pièces allaient être soumises à ces sévères conditions (tuyauteries, joints, équipements, revêtements, etc.). Ensuite, il fallait relever les défis de la génération de courant, de la mise au point de composants performants, de la définition et du fonctionnement d'un système de navigation et de bombardement (SNB), de la définition d'un radar de recalage et celle d'équipements électroniques diversifiés.

Afin de pouvoir assurer sa mission de bombardement nucléaire, dont le succès reposait sur une grande discrétion et sur la précision de largage à haute altitude et à haute vitesse en aveugle au-dessus de l'objectif désigné par ses seules coordonnées géographiques ; le Mirage IV devait pouvoir se diriger de façon autonome et discrète. Ce système n'existant pas, il fallut le créer, pour permettre d'une part au Mirage IV d'assurer sa navigation à partir de sa base jusqu'à son avion ravitailleur, puis vers son objectif, et d'autre part, d'assurer le bombardement très précis sur l'objectif, en déterminant l'instant de largage de la bombe (appelée à l'époque — secret oblige — « La Chose » ou « L'Arme »), en tenant compte de tous les paramètres de vol et des lois de la balistique.

Ci-dessous, à gauche. Le Mirage IV 01 configuré avec un réservoir ventral supplémentaire RS 21 de 1 600 l sous la voûte bombe et avec des réservoirs pendulaires RP 20 de 2 500 l dépourvus d'ailettes de stabilisation aux points internes sous voilure.

Ci-dessous, à droite.
Le Mirage IV 01 fut modifié au cours des essais pour recevoir le radar panoramique ventral que l'on voit ici sous le fuselage en arrière du train auxiliaire. L'avion avait été décoré sur son nez avec une bande arc-en-ciel célébrant le record établi par René Bigand avec la mention *« Record du monde de vitesse 1 000 km en circuit fermé Cdt Bigand René »*

(Dassault Aviation)

Ce système développé par une entité, qui allait devenir plus tard l'Électronique Marcel Dassault (EMD) sous la responsabilité de Bertrand Dauny, reposait sur une centrale aérodynamique, sur une centrale directionnelle à deux gyroscopes et sur un radar de navigation Doppler.

Compte tenu de la nécessité d'un développement rapide, une structure unique avait été mise en place au sein de la GAMD, réunissant dans un même bureau chez le constructeur sous la coordination d'André Etesse, le représentant des services de l'État, l'ingénieur Forestier du Service Technique Aéronautique (STAé) et le lieutenant-colonel Villetorte de l'Armée de l'Air. Tout comme les ingénieurs de la GAMD, leur méthode de travail était axée sur la simplicité, l'efficacité et la prise de décisions rapides.

L'aventure industrielle et technique était risquée, même si la conception technique du Mirage IV se situait dans le prolongement du Mirage III, à l'échelle 2. La GAMD avait axé une des clefs de ses succès sur sa philosophie du développement fondamental et du développement appliqué, fondés sur l'utilisation de solutions techniquement éprouvées, avec une prise de risque minimale pour les innovations testées pas à pas.

L'avion biplace défini (pilote et navigateur), reprenait la formule technique du Mirage III, soit une aile delta avec une flèche au bord d'attaque de 60°, dotée dans son prolongement de gouvernes appelées « élevons », servant à la fois pour la profondeur et pour le gauchissement ; d'une dérive en flèche munie d'un gouvernail de direction, de l'absence d'empennage horizontal, d'entrées d'air situées de chaque côté du fuselage, munies de noyaux coniques mobiles régulant automatiquement l'alimentation en air optimale pour les moteurs. Le fuselage formait un seul ensemble structural, le train d'atterrissage était composé de deux atterrisseurs principaux avec un bogie à quatre roues et d'un atterrisseur auxiliaire à diabolo. Les nombreux réservoirs du Mirage IV étaient répartis dans le fuselage, dans les ailes et dans la dérive, dont les quantités de pétrole contenues pouvaient être transférées en vol d'un réservoir à l'autre pour permettre l'équilibrage du centre de gravité de l'avion en fonction de sa vitesse.

Les avancées techniques, réalisées au début des années soixante dans des domaines vierges aux contraintes drastiques, demeurent aujourd'hui

Le Mirage IV 01 au roulage avant un vol d'essais à Melun-Villaroche.

CARACTERISTIQUES DU MIRAGE IV 01

Groupe turboréacteur	Deux réacteurs SNECMA Atar 9B de 4 000 kgp de poussée unitaire à sec et de 6 000 kgp avec postcombustion	Envergure	11,17 m
		Surface alaire	70 m²
		Masse à vide	11 250 kg
Longueur 19,90 m	Hauteur 5,85 m	Masse maximale au décollage	26 200 kg

encore des performances exceptionnelles, qui mobilisèrent alors un nombre jamais atteint d'entreprises de l'industrie aéronautique, très majoritairement françaises.

L'équipe en place allait permettre une coordination sans faille et les progrès rapides d'un projet complexe. C'est ainsi que fin 1958, le prototype Mirage IV 01 avait été transféré des usines de St-Cloud au centre d'essais de Melun Villaroche pour commencer ses essais au sol. Début 1959, survint le seul problème majeur que connut le Mirage IV dans son dévelop-

Détail de la perche de ravitaillement en vol montée sur le Mirage IV 01.

pement. Les essais de vibrations au sol avaient démontré, qu'à cause de sa grande taille et à cause de l'emplacement du vérin d'attaque du gouvernail intégré dans l'arrière du fuselage, la dérive flottait et risquait une rupture à partir de la vitesse de Mach 0,8. Les avis des ingénieurs de la GAMD étaient partagés, mais le Service Technique Aéronautique était formel.

L'ingénieur Forestier avait été chargé de demander à la GAMD la modification de la dérive du Mirage IV, ce qu'il fit auprès de Marcel Dassault et de Jean Cabrière, mais sa demande fut radicalement rejetée. Après avoir approfondi le problème avec l'Office National d'Études et de Recherche Aéronautique (ONERA), l'ingénieur Forestier était définitivement convaincu que la dérive devait être modifiée.

À Melun-Villaroche, la GAMD procédait tous les samedis à des essais, en présence de Marcel Dassault. L'Ingénieur Forestier décida de s'y rendre, pour aborder à nouveau le problème confirmé du flottement de la déri-

ve auprès de Marcel Dassault, de Jean Cabrière et d'Henri Déplante. obtint satisfaction et le dessin de la dérive fut refait en un temps record dans sa version pratiquement définitive.

Le premier vol officiel du Mirage IV 01 eut lieu le 17 juin 1959 avec Roland Glavany. Officiel, car le 15 juin 1959, au cours d'essais de roulages accélération/arrêt avec les postcombustions allumées, l'avion avait quitté le sol de quelques mètres, témoignant d'une certaine impatience à évoluer dans son élément… !

Les essais du Mirage IV 01 se déroulèrent sans difficultés particulières selon une chronologie établie : ouverture du domaine de vol, essais d'emports, essais du pilote automatique, essais du radar Doppler, essais de ravitaillement en vol, etc. tant et si bien que décision avait été prise de s'attaquer au record international de vitesse en circuit fermé sur 1 000 km, qui fut battu le 19 septembre 1960 par René Bigand à la vitesse moyenne de 1 822 km/h, puis sur 500 km, le 22 septembre par René Bigand à la vitesse moyenne de 1 972 km/h.

Le Mirage IV 01 était un avion prototype, c'est-à-dire un avion de développement, destiné à vérifier la justesse du concept technique retenu et à mettre au point le SNB. Les services officiels avaient fait évoluer la fiche programme, en imaginant un avion capable des mêmes performances, mais pouvant couvrir la distance aller et retour sur objectif sans ravitaillement en vol, ce dont le Mirage IV 01 n'était pas capable.

La GAMD étudia donc un avion plus gros pour pouvoir emporter la quantité de carburant nécessaire à cette nouvelle contrainte, ce qui donna aux ingénieurs de la GAMD l'occasion de travailler sur de nouveaux développements, soit des versions de Mirage IV, dénommées Mirage IV B, à la surface de voilure augmentée à 90 m² et à 110 m² (pour mémoire le Mirage IV 01 avait une surface alaire de 70 m²).

La difficulté majeure résidait dans la recherche d'une motorisation suffisamment puissante, qui à cette époque était inexistante en France.

L'État français aurait été contraint d'utiliser des moteurs américains ou anglais, dépendance qui allait se révéler difficilement acceptable par les

Décollage de Melun Villaroche du Mirage IV 01 doté de sa perche de ravitaillement en vol.

autorités. En outre, ce programme apparaissait long, nouveau, extraordinairement complexe et d'un coût prohibitif. Décision fut donc prise d'agrandir légèrement le Mirage IV 01 en le dotant de moteurs français optimisés en puissance.

De retour à la GAMD à Saint-Cloud, après avoir assisté à une réunion avec les services officiels qui scellaient le sort du Mirage IV B et qui demandaient un avion un peu plus grand que le Mirage IV 01, mais mieux motorisé ; le Général Gallois qui faisait partie de la société de Marcel Dassault avait lancé : « On ne fait pas le petit, on ne fait pas le gros, on fait le petit gros ! ».

Ci-contre.
Mise en route des réacteurs Snecma Atar 9 B avant un vol d'essais du Mirage IV 01 à Melun Villaroche. L'avion n'avait pas encore reçu de perche de ravitaillement en vol, la pointe avant étant prolongée par un tube de Pitot.

Ci-dessous.
Mis côte à côte à Melun-Villaroche, le Mirage IV A 02 et le Mirage III R 02 illustraient parfaitement la différence d'échelle homothétique des deux avions.

11

LES MIRAGE IV PROTOTYPES DE PRESERIE

Trois Mirage IV de présérie furent construits, pour mener en parallèle les multiples essais de développements, d'ouvertures du domaine de vol, de mises au point et de validations.

— **Le Mirage IV A 02,** effectua son premier vol le 12 octobre 1961 avec René Bigand. Il fut utilisé pour des essais aérodynamiques, des essais de structure avec les différents emports de charges, des essais de ravitaillement en vol et des essais de largages de charges et d'études de balistique.

— **Le Mirage IV A 03,** effectua son vol inaugural le 1er juin 1962 avec René Bigand. Il mena des essais de système de navigation et de bombardement, des essais du radar Doppler, des essais de contre-mesures électroniques, des essais de ravitaillement en vol et des essais de mise au point des moteurs SNECMA Atar 9 D, puis d'une version

Décollage du Mirage IV A 03 pour un vol d'essais configuré avec des conteneurs de guerre électronique CT 51 aux points externes sous voilure et avec une maquette de la bombe atomique AN 11 sous sa voûte bombe.

améliorée, l'Atar 9K (4 710 kgp de poussée unitaire à sec et de 6 700 kgp avec postcombustion).

— **Le Mirage IV A 04,** effectua son premier vol le 23 janvier 1963 avec Jean-Marie Saget. Il permit la mise au point de tous les équipements de la version opérationnelle définitive et fut utilisé plus tard dans le cadre du programme du supersonique « Concorde ».

LA NECESSITE DU RAVITAILLEMENT EN VOL

Il avait fallu résoudre une contrainte majeure, celle du ravitaillement en vol, le Mirage IV n'ayant pas une capacité d'emport interne de pétrole suffisante pour atteindre un objectif situé au-delà d'un certain rayon d'action et notamment en direction de l'Est, derrière le rideau de fer. Les données du problème étaient simples, car aucun avion de fabrication française n'était capable d'assurer cette mission. On étudia la possibilité de développer un Mirage IV ayant la capacité de ravitailler un autre Mirage IV, mais cette solution multipliait le problème, un Mirage IV ravitailleur devant lui-même être ravitaillé.

On envisagea également le ravitaillement en vol par des SO 4050 Vautour A et Vautour B, dotés d'une nacelle de ravitaillement en vol Douglas, mais il fallait pour cela mobiliser deux à quatre Vautour pour un seul Mirage IV. La conclusion évidente faisait apparaître que la seule solution rapi-

CARACTERISTIQUES DES MIRAGE IV DE PRESERIE

Groupe turboréacteur	Deux réacteurs SNECMA Atar 9 D de 4 250 kgp de poussée unitaire à sec et de 6 250 kgp avec post combustion. Au-delà de Mach 1,4, survitesse délivrant une poussée supplémentaire de 15 %	Envergure	11,84 m
		Hauteur	5,60 m
		Flèche au bord d'attaque	60°
		Surface alaire	78 m²
		Masse à vide	13 980 kg
Longueur avec perche	23,45 m	Masse au décollage	29 970 kg (dont 11 000 kg de pétrole en interne)

Le Mirage IV A 02 dépourvu de sa perche de ravitaillement en vol, configuré avec des réservoirs pendulaires RP 20 de 2 500 l aux points internes sous voilure et avec un réservoir ventral supplémentaire RS 21 de 1 600 l sous sa voûte bombe.

Ci-contre. Le Mirage IV A 02 en position d'observation derrière le Boeing KC-135 A Stratotanker serial number 57-1 448 de l'US Air Force, avant un contact pour transfert de carburant lors de l'opération « Boeing Biberon ».

En bas. Le Mirage IV A 02 avec sa dérive modifiée configuré avec un réservoir ventral supplémentaire RS 21 de 1 600 l sous sa voûte bombe.

de et économique était l'avion américain dérivé du Boeing 707, le KC-135 A Stratotanker, utilisé à grande échelle par l'US Air Force.

Le général de Gaulle, averti du rayon d'action limité du Mirage IV donna son accord de principe pour que la France achetât des avions ravitailleurs aux États-Unis, créant une certaine surprise auprès des autorités françaises responsables, persuadées que le caractère national de la force de frappe et les rapports parfois tendus avec les États-Unis seraient un problème pour obtenir l'aval du chef de l'État.

Bien que les Américains fussent opposés à ce que la France se dotât de sa propre force nucléaire, le pouvoir de conviction de l'ambassa-

Au roulage à Cazaux pour un vol
d'essais, le Mirage IV A 02 emportant
une maquette de la bombe atomique
AN 11 sous sa voûte bombe.

Le Mirage IV A 04 au roulage au Salon
du Bourget, vu de profil, permettant
de voir l'encastrement d'une maquette
de la bombe atomique AN 11 dans sa
voûte bombe.

Le Mirage IV A 02 configuré avec
une maquette de la bombe atomique AN
11 sous sa voûte bombe et avec quatre
bombes classiques STRIM de 400 kg.

14

Lors de la campagne d'essais de décollages JATO en juin 1964 à Istres, Mirage IV A 02 décollait à son poids maximal, soit plus de 32 t, configuré avec des réservoirs pendulaires RP 20 de 2 500 l aux points internes sous voilure.

Passage à basse altitude du Mirage IV A 03 emportant une maquette de la bombe atomique AN 11.

À Melun-Villaroche, le Mirage IV A 03 avec sa dérive non modifiée, dépourvu de perche de ravitaillement en vol, emportant une maquette de la bombe atomique AN 11.

Le Mirage IV A 04 au roulage avant une présentation en vol au salon du Bourget, configuré avec une maquette de la bombe atomique AN 11 sous sa voûte bombe.

Décollage du Mirage IV A 04 lors d'un salon du Bourget, emportant une maquette de la bombe atomique AN 11.

Le Mirage IV A 02 dépourvu de perche de ravitaillement en vol, au décollage comme en témoignent les entrées d'air additionnelles ouvertes, emportant un réservoir ventral supplémentaire RS 21 de 1 600 l. L'avion était encore doté de sa dérive initiale.

deur des États-Unis en France et une certaine confusion dans le fonctionnement de l'administration américaine permirent à la France d'acquérir douze Boeing C-135 F Stratotanker, en version mixte permettant d'être également utilisée en cargo, qui allaient donner aux Mirage IV A (A pour « Atomique »), l'allonge nécessaire pour remplir leur mission.

Dans le cadre de cet achat, il était prévu qu'un Boeing KC-135 A de l'US Air Force vienne fin 1962 à Istres, pour participer à des essais de ravitaillement en vol avec le Mirage IV A 02 et avec le Mirage IV A 03. Cette opération fut baptisée « Opération BB », pour « Boeing Biberon » et permit l'adaptation des procédures de ravitaillement en vol

L'OPERATION « JERICHO »

Il fallait permettre aux ingénieurs et aux équipages civils de mieux cerner les particularités du pilotage d'un avion à ailes delta de grande dimension, la technique du centrage de l'avion par transfert des masses de pétrole des réservoirs les uns vers les autres, les procédures d'arrivée d'un avion supersonique dans le trafic civil, de permettre l'expérimentation d'instruments et d'équipements de bord du Concorde, ainsi que l'étude de la focalisation du bang sonique.

Pour ce faire, le Mirage IV A 04 fut modifié et reçut des équipements d'avionique spécifiques, et des équipements de mesure. Les essais furent conduits par le Centre d'Essais en Vol (CEV), par les Avions Marcel Dassault (AMD), par Air France et se déroulèrent à Istres, à Brétigny-sur-Orge et à Toulouse, où le Mirage IV A 04 fut détruit le 23 octobre 1968 au cours de son 152e vol, à la suite d'un problème attribué aux réacteurs.

au Mirage IV A et la familiarisation des équipes de marque Mirage IV à cette délicate opération.

Puis, suivirent des essais du système de ralliement tout temps de la balise Eurêka pour le ravitailleur et de l'interrogateur répondeur Rebecca pour le Mirage IV A, qui permettaient le rendez-vous des deux avions, qu'elles que fussent les conditions météorologiques.

La balise Eureka du C-135 F émettait un signal codé lorsqu'elle était interrogée par l'interrogateur répondeur Rebecca du Mirage IV A, qu permettait ainsi de connaître le relèvement et la distance de stations au sol ou aéroportées de la balise, qui donnait alors la position et la distance entre les deux avions.

Le Mirage IV A 03 au roulage avant une présentation lors d'un salon du Bourget. L'avion avait sa dérive modifiée, une perche de ravitaillement en vol, était configuré avec des réservoirs pendulaires RP 20 de 2 500 l aux points internes sous voilure et avec une maquette de la bombe atomique AN 11 sous sa voûte bombe

(Dassault Aviation)

LA FABRICATION DES MIRAGE IV A

En septembre 1960, l'État français avait passé une commande de 50 Mirage IV A, dont le programme de production était de trois avions en 1963, de 21 avions en 1964 et de 26 avions en 1965. Une commande complémentaire fut passée pour 12 Mirage IV A supplémentaires en 1964 pour livraison en 1967 (ces avions avaient la capacité d'emport du conteneur photographique CT 52).

La GAMD était le maître d'ouvrage et le maître d'œuvre d'un programme exemplaire au plan de la coopération entre le constructeur, les services officiels et les partenaires industriels, dont les principaux étaient :

— **La GAMD,** pour le montage final des fuselages à Argenteuil, la partie avant du fuselage à Talence, les noyaux coniques mobiles des entrées d'air et la carène arrière du fuselage à Boulogne Billancourt,

— **Sud Aviation,** pour la voilure aménagée à Bouguenais, le fuselage central des cadres 36 à 49, le fuselage arrière des cadres 49 à 66, la jonction du fuselage central et du fuselage arrière à Toulouse et les carènes des entrées d'air à Rochefort,

— **Breguet,** pour la dérive hors panneaux,

— **Morane-Saulnier/Potez,** pour la pointe avant,

— **Messier,** pour le train d'atterrissage,

— **SNECMA,** pour les moteurs Atar 9 K.

À ces entreprises, il convient de souligner qu'une kyrielle d'autres entreprises contribua à la réalisation des Mirage IV A parmi lesquelles : Intertechnique, EMD, Microturbo, Bronzavia, Jaeger, Martin Baker, Sagem, Sfena, Nord Aviation, Aerazur, Ratier Figeac, Sarma, Labinal, Omera, Cotelec, Sperry, Marconi, CSF, Hurel Dubois, Alkan, etc.

L'assemblage final des Mirage IV A était réalisé par la GAMD à Bordeaux Mérignac, avant de procéder sur place aux réglages au sol, puis aux vols d'essais et de réception aux mains des pilotes et des navigateurs d'essais du constructeur, suivis des livraisons à l'Armée de l'Air.

Ci-dessus. **Chaîne d'assemblage des fuselages des Mirage IV A à la GAMD à Argenteuil.**

Ci-dessous. **Chaîne d'assemblage final des Mirage IV A à la GAMD à Bordeaux Mérignac.**

(Dassault Aviation)

17

LES EMPORTS DES MIRAGE IV A

LES ARMES NUCLEAIRES MIRAGE IV (ANM)

Le développement et la mise au point de la bombe atomique emportée par les Mirage IV A avaient commencé en 1960 et avaient abouti en mai 1962 à l'essai réussi de l'Arme Nucléaire Mirage IV, ANM 11 lors du tir « Béryl » dans le Sahara. Au préalable, la réalisation de l'arme nucléaire avait été rendue possible par la maîtrise de difficultés techniques considérables parmi lesquelles :

— La maîtrise d'unités de temps et de mesures extrêmes,
— La physique nucléaire et la neutronique,
— La tenue mécanique des matériaux,
— La maîtrise des explosifs et de la détonique,
— La mise au point des éléments de largage de la charge,
— L'intégration dans une enveloppe pour emport sous Mirage IV A, comprenant les équipements de conditionnement (régulation thermique à l'ammoniaque liquide).

Le développement de l'arme nucléaire avait été confié à l'ingénieur-général Sandeau, en coordination avec le Commissariat à l'Énergie Atomique (CEA) et la GAMD.

L'ANM 11, d'une puissance nominale de 50 kilotonnes, possédait

CARACTERISTIQUES DE L'ANM 22

Diamètre	0,78 m
Longueur	6,24 m
Poids	1 435 kg

Les ANM 22 étaient constituées de plusieurs tronçons repérables sur le corps de la bombe par une lettre, avec d'avant en arrière :
- La fusée d'impact (tronçon A),
- Le déclencheur altimétrique radioélectrique (tronçon B),
- Le bloc de conditionnement et la minuterie (tronçon K ou C),
- Le modulateur et l'implosoir (tronçon D1),

- Le dispositif d'armement de l'implosoir (tronçon D2),
- La batterie, le convertisseur et les sources neutroniques (tronçon E),
- Le parachute ralentisseur et le dispositif de récupération par parachute (tronçons F et G).

Les ANM étaient dotées de trois dérives de stabilisation, la dérive supérieure étant rétractée dans la bombe. Celle-ci se logeait semi-encastrée dans la voûte bombe du Mirage IV A, permettant ainsi une réduction de la traînée et le vol supersonique.

À Cazaux, le Mirage IV A 02 configuré pour un essai en vol avec un réservoir pendulaire mixte pétrole/6 bombes classiques STRIM de 400 kg au point interne sous voilure droite et avec un conteneur d'essais munis de caméras au point interne sous voilure gauche. Sur l'avant du fuselage gauche, l'avion avait été décoré de marquages témoignant du nombre de réussites de largages d'emports.

un cœur de plutonium 239 fixé sur une des deux parties de l'implosoir en forme d'œuf, qui comportait une masse importante d'explosifs. Au moment du tir, les deux masses séparées par un bouclier coulissant se seraient rapprochées, armant ainsi la bombe.

Chaque partie de l'implosoir était reliée à un détonateur, dont les explosifs auraient déclenché la réaction en chaîne, elle-même augmentée par une source neutronique. Les explosifs utilisés étaient sensibles aux variations de température et risquaient des fissures en vol.

Aussi, jugée insuffisamment sûre, l'ANM 11 fut remplacée à partir de 1965 par une version plus sécurisée et plus puissante : l'ANM 22 d'une puissance nominale de 70 kilotonnes. Cette bombe était de type à fission et utilisait un implosoir sphérique pourvu de 48 détonateurs d'explosifs pour faire atteindre la masse critique au cœur d'uranium 235, déclenchant la réaction en chaîne, augmentée par une source neutronique. Lors de l'évolution de la mission nucléaire des Mirage IV A vers la basse altitude, les ANM 21 furent converties en ANM 22 à partir de septembre 1966, par l'adjonction d'un parachute ralentisseur en complément au parachute de récupération, les adaptant ainsi à la technique de largage Low Altitude Drop Delivery (LADD).

Les entraînements aux tirs de bombes ANM étaient réalisés avec des Conteneurs d'Entraînement Nucléaire (CEN), aux caractéristiques identiques à celles des bombes nucléaires, mais dépourvus de charge militaire. Un petit parachute permettait au CEN l'éloignement de l'avion, un second parachute de freinage permettait sa récupération et des équipements donnaient la restitution précise des paramètres de tir. Les armes nucléaires étaient stockées démontées dans les Dépôt Atelier et de Munitions Spéciales (DAMS) répartis sur certaines bases. La lourde mission des DAMS était d'assurer l'entretien, la maintenance, le contrôle, le montage et le transport des armes nucléaires jusqu'aux zones d'alerte Mirage IV A, puis leur accrochage sous Mirage IV A.

LES RESERVOIRS SUPPLEMENTAIRES

— Le RP 20 (Réservoir Pendulaire)

Par la nécessité de l'augmentation du rayon d'action du Mirage IV A, un réservoir pendulaire de 2 500 litres fut développé et testé dans tout le domaine de vol de l'avion.

Ce réservoir non supersonique était placé au point interne sous voilure relié à l'aile par une cheminée et était largable en vol. D'autres types de réservoirs pendulaires de plus grande capacité furent envisagés (3 000 l, 3 050 l, 4 000 l, 4 890 l) et furent testés sans suites opérationnelles.

— Le RS 21 (Réservoir Supplémentaire)

Ce réservoir supersonique non largable d'une capacité de 1 600 l, surnommé « réservoir lune » prenait place sous la voûte bombe du Mirage IV A après adaptation de son plancher.

Un réservoir mixte lance-bombes non largable de 700 l pouvait également y être fixé emportant quatre bombes classiques de 250 kg.

LES BOMBES STRIM DE 250 KG OU DE 400 KG

Le Mirage IV A avait la capacité d'emport de bombes classiques de 250 ou de 400 kg au nombre de 8 unités, fixées aux différents points d'emport sous un pylône spécifique.

LES BOMBES D'ENTRAINEMENT SAMP TYPE 2A ET TYPE 2B

Ces petites bombes, surnommées « pots de yaourt », avaient été développées pour l'entraînement des équipages au bombardement. Ces bombes inertes avaient les mêmes caractéristiques balistiques que les ANM 21 et ANM 22 et comportaient une cartouche avec fumigène permettant la visualisation de leur impact.

Elles étaient accrochées sur un lance-bombes Alkan 65 surnommé

Maquette d'une bombe atomique AN 22 posée sur son chariot de manutention. Chaque tronçon composant la bombe était repérable par une lettre.

« tortue », fixé sous la voûte bombe du Mirage IV A après adaptation de son plancher.

LES FUSEES JATO (JET ASSISTED TAKE-OFF)

Pour que la distance de roulement au décollage des Mirage IV A à leur poids maximal ne soit pas allongée par temps chaud et/ou sur un

Maquette d'une bombe atomique AN 21 semi-encastrée dans la voûte bombe sous un Mirage IV A. La bombe était pourvue de trois ailettes de stabilisation, l'ailette supérieure était rétractable et se repliait dans le corps de la bombe. Chaque bombe était numérotée. *(DR)*

Ci-dessus.
Réservoir RP 40 de 4 000 l avant un essai de largage sous un portique à Cazaux.

Ci-contre.
Un réservoir pendulaire RP 20 de 2 500 l sous un portique pour un essai de largage à Cazaux.

Page suivante, en hau
Le Mirage IV A n° 1 à l'atterrissage sur la pis **d'Istres, configuré avec des réservoirs RP 2** **de 2 500 l aux points internes sous voilur** **et avec des bombes classiques STRI** **de 400 kg aux points externes sous voilur**

Ci-contre, à droit
Bombe classique STRIM de 400 kg fixé **par un pylône sous le fuselag** **d'un Mirage IV A au point zéro dro** **situé sur le côté de la voûte bomb**

Ci-dessous, à droit
Réservoir « lune » ventra **supplémentaire RS 21 de 1 600**

En bas.
Réservoir RP 20 de 2 500 l au point interne sou **voilure droit d'un Mirage IV A.**

(Dassault Aviation)

CARACTERISTIQUES DU MIRAGE IV A

Longueur	23,325 m avec perche de ravitaillement en vol	Masse à vide	14 510 kg
Envergure	11,84 m	Siège éjectable	deux sièges Martin Baker MK IV BM4.
Hauteur	5,42 m	Groupe	deux réacteurs SNECMA
Flèche au bord d'attaque	60°.	turboréacteur	Atar 9 K5 de 4 710 kgp de poussée unitaire à sec et de 6 700 kgp
Surface alaire	78 m²		avec postcombustion. Au-delà
Masse maxi au décollage	32 tonnes		de Mach 1,4 survitesse délivrant une poussée supplémentaire de 15 %

(Dassault Aviation)

terrain situé en altitude, les Mirage IV A pouvaient recevoir des accélérateurs de poussée soit : deux bâtis fixés aux points d'emport 0 sous le fuselage, avec six fusées par bâti. Les fusées étaient remplies de propergol solide délivrant une poussée additionnelle globale de 2 700 kgp pendant une quinzaine de secondes. Ces bâtis étaient largables après le décollage pour réduire la traînée. Dans les années qui suivirent la mise en service des Mirage IV A, d'autres types d'emports furent testés, parmi lesquels : des réservoirs pendulaires mixtes pétrole/six bombes de 400 kg, des conteneurs lance-roquettes/lance-grenades, et du conteneur canon CC 420 avec un canon DEFA de 30 mm muni de 250 obus, sans que ceux-ci ne passent au stade opérationnel.

LES EQUIPEMENTS DE GUERRE ELECTRONIQUE DU MIRAGE IV A

Les concepteurs du système d'armes Mirage IV constatèrent assez tôt la nécessité d'étudier les moyens d'auto protection électronique internes et externes de l'avion : les contre-mesures électroniques (CME), permettant de détecter et de brouiller les menaces ennemies : radars, avions d'interception, missiles sol-air. Ces équipements de guerre électronique étaient destinés à permettre l'accomplissement de la mission nucléaire en évitant les menaces et à pallier l'absence de tout emport d'armement défensif du Mirage IV A : canons, missiles air-air ou missiles air-sol.

Ainsi, furent développés :

— Les détecteurs brouilleurs internes Agacette,

(H. Beaumont)

(DR – Coll. B. Régnier)

(Dassault Aviation)

Ci-dessus, à gauche.
Démonstration d'un décollage assisté par fusées JATO du Mirage IV A n° 54 en configuration lisse, postcombustions à pleine charge.

Ci-dessus.
Au roulage à Cazaux, le Mirage IV A 02 décoré de marques haute visibilité destinées au ciblage de caméras pour les prises de vues en vol, emportant en point ventral sous son pylône un conteneur canon CC 420 DEFA muni de 250 obus de 30 mm.

Page ci-contre
Le conteneur mixte roquettes/lance-grenades sous l'aile droite du Mirage IV A 02.
Sur la dérive avait été peint l'insigne de la base aérienne 145 de Colomb-Béchar en Algérie, qui abritait le CIEES (Centre Interarmées d'Essais des Engins Spéciaux) où les Mirage IV A de présérie avaient réalisé de multiples essais de largages de charges et de leurs études balistiques.

Ci-contre.
Bâti JATO gauche monté avec six fusées sous un Mirage IV A, dont on voit les points d'accrochage et de centrage sous le fuselage au point zéro.
Les tuyères des fusées JATO étaient protégées par un couvercle qui était retiré avant utilisation.

Ci-dessous
Le Mirage IV A 02 configuré avec un conteneur mixte roquettes/lance-grenades au point interne sous voilure droit et avec un conteneur d'essais muni de caméras au point interne sous voilure gauche.

(Dassault Aviation)

Au roulage à Cazaux avant un vol d'essai de largage, le Mirage IV A 02 emportant
en point ventral sous son pylône une maquette de la bombe nucléaire tactique AN 52
destinée aux Mirage III E et aux Jaguar A, avec aux points externes sous voilure
deux conteneurs d'essais renfermant des caméras.

23

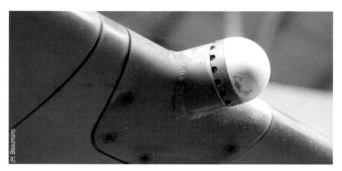

Ci-dessus.
**L'antenne du détecteur
brouilleur Agacette située
sur le bord d'attaque
de l'aile droite d'un Mirage IV A.**

Ci-dessus, à droite.
**Lance-leurres Philips Matra Phimat
au point externe sous voilure gauche
d'un Mirage IV A.**

Ci-contre.
**Un conteneur de guerre électronique
CT 51 pouvant être équipé
de détecteurs brouilleurs,
au point externe sous voilure
droit d'un Mirage IV A.**

— Les lance-leurres pyrotechniques internes Alkan F1 A situés sous le croupion (104 leurres électromagnétiques et 84 leurres infrarouges),

— Le conteneur technique sous voilure CT 51 « Espadon » à capacité supersonique, pouvant être équipé de plusieurs détecteurs brouilleurs : Agacette, Mygale, Mangouste, placées en secteur avant et en secteur arrière.

Au fil du temps, l'évolution rapide des menaces ennemies entraînera l'adaptation et l'amélioration des équipements de guerre électronique des Mirage IV A :

— Les détecteurs brouilleurs Mygale,

— Les détecteurs brouilleurs Agasol,

— Le lance-leurres Philips Matra Phimat sous voilure.

L'utilisation opérationnelle de ces équipements a fait partie intégrante des missions d'entraînement des équipages de Mirage IV A.

**Le Mirage IV A n° 23, configuré avec un réservoir
ventral supplémentaire RS 21 de 1 600 l sous sa voûte
bombe et avec deux conteneurs de guerre électronique
CT 51 aux points externes sous voilure.**

Lance-bombes Alkan 65 sous la voûte bombe d'un Mirage IV A, sur lequel étaient fixées trois bombes d'entraînement SAMP 2A.

(Dassault Aviation)

Le pylône et le conteneur canon CC 420 sous le Mirage IV A 02.

(Dassault Aviation)

Lance-leurres pyrotechniques internes Alkan F1 A sous le croupion d'un Mirage IV P, qui permettaient l'emport de 104 cartouches de leurres électromagnétiques et de 84 cartouches de leurres infrarouges.

(H. Beaumont)

LE CONTENEUR TECHNIQUE CT 51 « ESPADON »

Diamètre	0,40 m	Longueur	6,00 m
Poids			550 kg

Accrochage au point externe sous voilure.
Pointe avant en fibre de verre compressée pour laisser passer les ondes électromagnétiques. Turbo générateur « Espadon » intégré, générant de l'électricité pour les équipements et permettant leur conditionnement avec un liquide de refroidissement : le coolanol.
Malgré leur efficacité, les conteneurs CT 51 furent assez peu utilisés, car leur traînée importante était pénalisante pour les performances et conséquemment pour le rayon d'action des Mirage IV A

Le Mirage IV A n° 16 au décollage, configuré avec des lance-leurres Philips Matra Phimat aux points externes sous voilure.

(Dassault Aviation)

PAS DE MIRAGE IV A L'EXPORTATION

Ci-dessus.
Planche de bord du poste pilote d'un Mirage IV A.

Plusieurs pays manifestèrent un intérêt pour le Mirage IV, parmi lesquels la République Fédérale d'Allemagne, l'Afrique du Sud, la Nouvelle Zélande et l'Inde, sans que les velléités ne se concrétisent.

Deux projets de Mirage IV à l'export furent assez avancés.

Le Mirage IV RJ pour l'état d'Israël, client historique de la GAMD avec les Mirage III CJ et les Mirage III BJ, qui souhaitait disposer d'un avion équivalent aux bombardiers lourds Tupolev Tu-16 Badger égyptiens. Le Mirage IV RJ était directement dérivé du Mirage IV A, avec une optimisation des équipements pour la reconnaissance, pour l'attaque au sol avec une grande capacité d'emports offensifs. Ce projet fut abandonné, car il se révéla trop coûteux et peu adapté aux besoins.

Le projet pour la Grande Bretagne fut beaucoup plus abouti, car il intervenait après l'abandon du très coûteux programme d'avion TSR2, supposé capable de remplir une multitude de missions, dont des missions nucléaires.

Les Britanniques de la British Aircraft Corporation (BAC) envisagèrent une collaboration avec la GAMD pour le développement d'un Mirage IV, propulsé par deux moteurs Rolls Royce Spey (délivrant une

poussée unitaire de 5 500 kgp à sec et de 9 115 kgp avec postcombustion), nettement plus puissants que les moteurs SNECMA Atar 9H. Leur intégration nécessitait un agrandissement du fuselage et un nouveau dessin des entrées d'air. Pour le reste, la conception technique du Mirage IV Spey était identique à celle du Mirage IV A.

Dans le cadre de cette collaboration, deux équipages de la Royal Air Force menèrent à Istres en septembre 1965 une campagne d'évaluation des qualités de vol avec le Mirage IV A n° 1, qui leur donna entière satisfaction.

Pourtant, de sombres desseins politiques mêlés à une certaine malhonnêteté intellectuelle tuèrent le projet Mirage IV Spey, les autorités britanniques privilégiant en toute mauvaise foi le concurrent américain General Dynamics F 111 K, dont le programme fut finalement annulé au profit des McDonnell Douglas Phantom II F-4K (Royal Air Force) et F-4M (Royal Navy).

1. Banquette gauche du poste pilote d'un Mirage IV A.
2. Banquette droite du poste pilote d'un Mirage IV A.
3. Planche de bord du poste navigateur d'un Mirage IV A.
4. Banquette gauche du poste navigateur d'un Mirage IV A

5. Banquette droite du poste navigateur d'un Mirage IV A.
6. Vue éclatée du Mirage IV A de série avec les différents sous ensembles à assembler.
7. Siège éjectable Martin Baker MK BM4 qui équipait les Mirage IV A.

LA MISE EN PLACE DES STRUCTURES DE LA
COMPOSANTE AIR
DE LA FORCE DE DISSUASION

Pour assurer la mise en œuvre des Mirage IV A et de leurs armes, l'état français avait décidé en février 1962 la création du CAS (Commandement Aérien Stratégique), remplacé en janvier 1964 par le CFAS (Commandement des Forces Aériennes Stratégiques), implanté à Taverny, dont le premier commandant fut le général Philippe Maurin.

En parallèle, un décret conférait au président de la République le pouvoir d'engagement des forces nucléaires et le choix des objectifs en qualité de Chef des Armées.

Véritable « état dans l'État », les FAS et le COFAS (Centre d'Opérations des Forces Aériennes Stratégiques) avaient pour mission la coordination des moyens, la planification des missions d'entraînement, la mise en œuvre de la maintenance, l'exploitation des informations sur les menaces aériennes, la transmission des ordres aux unités, ainsi qu'aux équipages au sol et en vol, ainsi que le contrôle des missions.

Le lien direct entre les FAS avec les autorités de l'État, notamment avec l'Élysée, était assuré par plusieurs systèmes de communication et de transmissions très sophistiqués et très hautement sécurisés.

Au préalable, il avait été nécessaire de définir l'ensemble des procédures très complexes et très secrètes pour sécuriser et fiabiliser la chaîne de commandement et de transmissions.

Il en fut de même pour la définition des modalités du contrôle gouvernemental sur les armes, pour la définition des conditions de sûreté nucléaire et pour la définition des conditions de l'alerte permanen-

En 1964 à Mont-de-Marsan, deux équipages de l'Escadron de Bombardement 1. « Gascogne » rejoignant leurs Mirage IV A dépourvus de codes à deux lettr

te des unités, en conformité avec les directives gouvernementale

En parallèle, il avait été nécessaire de recruter et de former à Bc deaux Mérignac au sein du CIFAS 328 « Aquitaine » (Centre d'Ir truction des Forces Aériennes Stratégiques, indicatif radio « Rar peau »), les personnels navigants, les mécaniciens, les personne administratifs et techniques, les armuriers à leurs missions hauteme confidentielles, puisqu'à cette époque, tout ce qui concernait les FA et le Mirage IV relevait du plus absolu « secret défense ».

Des équipages de Mirage IV A et de Boeing C-135 F Stratotank effectuèrent des stages aux États-Unis dans des unités du Strateg Air Command (SAC) et de l'US Air Force, pour se former et pour s familiariser à de nouvelles procédures, liées au bombardement nucléa re stratégique.

Le fondement même de la dissuasion reposait sur une disponibi té opérationnelle maximale sans que pour autant, les forces conve tionnelles fussent négligées, ce qui explique l'effort budgétaire cons dérable fait à l'époque pour l'Armée de l'Air.

Cet effort s'était matérialisé par l'adaptation des structures aux no velles exigences de la force de frappe française, notamment par choix d'implantation de neuf bases devant accueillir des Mirage IV et dans certains cas des Boeing C-135 F Stratotanker ; avec en para

(DR — Coll. P. Caubel)

Passage à très basse altitude d'un Mirage IV A de l'Escadron de Bombardement 1/91 « Gascogne », configuré avec une maquette de la bombe atomique AN 11.

...elle la construction des infrastructures : bâtiments pour les unités de maintenance, bâtiments pour les escadrons, bâtiments et aménagements pour les zones d'alerte et à l'écart des autres unités, les bâtiments pour les DAMS, abritant les composants des bombes atomiques.

Le choix d'implantation des bases de Mirage IV A correspondait à

Le 20 octobre 1964, à Mont-de-Marsan, le général Maurin, premier commandant les FAS remettait le drapeau de la 91e Escadre de Bombardement à son commandant, le lieutenant-colonel Blanc.

Le 7 septembre 1967 à Istres, l'unique visite du général de Gaulle aux Mirage IV A, qui avait nécessité que douze d'entre eux fussent regroupés à l'Escadron de Bombardement 1/93 « Guyenne ».

(BA Istres)

(Sirpa Air)

Vol en patrouille serrée à très basse altitude de deux Mirage IV A en configuration lisse.

la nécessité de dispersion sur le territoire, à l'éloignement pour certaines d'entre elles des frontières de l'Est, à la proximité avec des bases possédant une piste capable d'accueillir les lourds avions ravitailleurs Boeing C-135 F Stratotanker et à la proximité avec les axes de pénétration vers l'URSS, soit par l'axe Nord, soit par l'axe centre-Europe, soit par l'axe Sud.

C'est ainsi que, pour accueillir les escadrons de Mirage IV A et de Boeing C-135F Stratotanker, les bases suivantes furent choisies :

Pour les Mirage IV A :

— **Mont-de-Marsan** (Escadron de Bombardement 1/91 « Gascogne » indicatif radio : « Calot »),

— **Cazaux** (Escadron de Bombardement 2/91 « Bretagne », indicatif radio : « Marivaux »),

— **Creil** (Escadron de Bombardement 3/91 « Beauvaisis », indicatif radio : « Celtique »)

— **Istres** (Escadron de Bombardement 1/93 « Guyenne », indicatif radio : « Végétal »),

— **Orange (**Escadron de Bombardement 2/93 « Cévennes », indicatif radio : « Cyprès »),

— **Cambrai** (Escadron de Bombardement 3/93 « Sambre », indicatif radio : « Carnet »),

— **Avord** (Escadron de Bombardement 1/94 « Bourbonnais », indicatif radio : « Carton »),

— **Saint Dizier** (Escadron de Bombardement 2/94 « Marne », indicatif radio : « Vétéran »)

— **Luxeuil** (Escadron de Bombardement 3/94 « Arbois », indicatif radio : « Calcaire »).

Pour les Boeing C-135 F Stratotanker :

— **Mont-de-Marsan** (Escadron de Ravitaillement en Vol (ERV) 4/91 « Landes », indicatif radio : « Mozart »),

— **Istres** (ERV 4/93 « Aunis », indicatif radio : « Marcotte »),

— **Avord** (ERV 4/94 « Sologne », indicatif radio : « Receveur »

Au fil du temps dès 1976, les escadrons de bombardement et les escadrons de ravitaillement en vol furent dissous, au fur et à mesure que les autres composantes de la force de dissuasion nucléaire française montaient en puissance.

Le Centre des Opérations des Forces Aériennes Stratégiques à Taverny, où sont toujours suivis tous les mouvements et toutes les situations des avions dédiés à la mission de dissuasion nucléaire.

Préparation de missions en salle d'opération
pour des équipages de Mirage IV A.

LES MIRAGE IV A OPERATIONNELS

Les premiers Mirage IV A arrivèrent à Mont-de-Marsan en février 1964, à l'Escadron de Bombardement 1/91 « Gascogne », qui prit la première alerte opérationnelle le 5 octobre de la même année, avec une bombe AN 11 accrochée sous un Mirage IV A prêt dans sa zone d'alerte. L'alerte (A5 : Alerte à 5 minutes, A15 : Alerte à 15 minutes ou AB : Alerte à Bord), consistait à ce que chaque escadron de Mirage IV A fut en mesure de mettre en l'air 24 h/24 h, 365 jours par an, un avion armé de la bombe atomique dans le délai le plus court possible.

Entre l'alerte et le décollage, le temps ne devait pas excéder plus de trois minutes, ce qui expliquait la proximité entre les zones d'alerte et les seuils de pistes.

La terrible spécificité de la mission des Mirage IV A était de porter le feu nucléaire sur tout pays agresseur, notamment sur l'URSS. Dans cet objectif ultime, l'alerte nucléaire garantissait le temps de réaction le plus court pour accomplir la mission, qui aurait témoigné d'une extrême gravité de la situation.

Au plus fort de la posture de la dissuasion nucléaire française, neuf Mirage IV A et trois ravitailleurs Boeing C-135 F Stratotanker étaient en alerte opérationnelle. Pour un équipage en alerte, celui-ci était consigné dans la zone d'alerte, dossiers de missions préparés, à proximité immédiate d'un Mirage IV A armé de sa bombe atomique, prêt à décoller. S'y ajoutaient les mécaniciens, les techniciens et armuriers nucléaires, les pompiers, les commandos de l'air et le gendarme du contrôle gouvernemental, qui avait pour mission le respect et la stricte application des procédures.

En cas d'alerte déclenchant un décollage, l'heure H était donnée lors de la phase de décollage, tout étant calculé à partir de cette heure : le ravitaillement, les points de passage, la montée en altitude, la descente. La procédure de largage, classée « secret défense », permettait d'activer le boîtier du contrôle gouvernemental. Pour larguer la bombe, il fallait que le pilote et le navigateur fussent en accord, chacun devant actionner un interrupteur.

Le point de non-retour était abandonné si, au bout d'un certain temps, l'équipage ne recevait pas l'ordre d'engagement, car une fois donné, cet ordre d'engagement était irréversible.

Le Mirage IV A n° 9 configuré avec des réservoirs pendulaires
RP 20 de 2 500 l à l'atterrissage sur la piste d'Hao.

Champ de vision d'un pilote d'un Mirage IV A en position d'observation avant contact de la perche de ravitaillement en vol avec le panier fixé à l'extrémité du « flying boom » d'un Boeing C 135 F Stratotanker.

(FCPA)

(DR)

À Cazaux, le Mirage IV A n° 13 reposant sur son croupion, conséquence d'un mauvais équilibrage des masses de carburant.
À noter l'essai de schéma de peinture antireflet sur le nez de l'avion, différent de celui qui avait été adopté sur tous les Mirage IV A.

Un Mirage IV A configuré avec des réservoirs pendulaires RP 20 de 2500 l dont la perche de ravitaillement était au contact dans le panier du « flying boom » d'un Boeing C-135 F Stratotanker.

HIGH SPEED BOOM

HIGH SPE

(DR)

33

Retour d'un vol d'entraînement le 25 mai 1966 du Mirage IV A n° 36, configuré avec des réservoirs pendulaires RP 20 de 2500 l.

(R. Brandt)

L'équipe de techniciens nucléaires de l'opération « Tamouré » posant devant le Mirage IV A n° 9 armé de sa bombe le 19 juillet 1966, en compagnie du général Maurin commandant les FAS et du lieutenant Jupin, chef de l'équipe de techniciens nucléaires (4e et 6e en partant de la gauche).

Explosion de la bombe larguée par le Mirage IV A n° 9 lors de l'opération « Tamouré ».

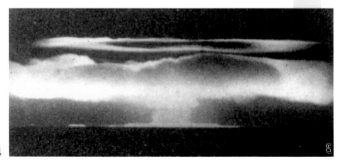

Page suivante, de haut en bas
Un Mirage IV A configuré avec des réservoirs pendulaires RP 20 de 2500 l en position d'observation avant un ravitaillement en vol sur un Boeing C-135 F Stratotanker.

À l'aube du 19 juillet 1966, le Mirage IV A n° 9 emportant la bombe atomique du tir « Tamouré » dans sa voûte bombe faisait son point fixe avec les postcombustions à pleine charge, quelques secondes avant le lâcher des freins pour son décollage de la piste d'Hao.

L'OPERATION « TAMOURE »

En octobre 1964, le Conseil de Défense décidait qu'un Mirage IV A allait procéder au largage d'une bombe atomique réelle au Centre d'Essais du Pacifique (CEP), dans des conditions se rapprochant au maximum d'une mission opérationnelle, pour valider l'ensemble du système d'armes et pour asseoir la crédibilité de la force de dissuasion. La préparation de cette opération nécessitait une organisation logistique sans failles, car il fallait convoyer dans le Pacifique Sud deux Mirage IV A, trois Boeing C-135 F Stratotanker, les éléments d'assemblage d'une bombe nucléaire active, les pièces de rechange et tous les personnels nécessaires à la mise en œuvre de l'ensemble des matériels de servitude, d'entretien et de maintenance.

Deux Mirage IV A, le n° 36, code « BI » et le n° 9, code « AH », furent choisis, ce dernier étant démonté à la GAMD pour être convoyé par bateau sur le navire TCD Ouragan. Quant au second, il rallia la base située sur l'atoll d'Hao par la voie des airs, lourdement configuré avec deux réservoirs pendulaires de 2500 l et un réservoir ventral de 1600 l, en faisant trois escales aux États-Unis, dont une à Hawaï. Trois équipages avaient été désignés pour cette mission unique et ce furent le commandant Dubroca, pilote et le capitaine Caubert appartenant à l'Escadron de Bombardement 1/91 « Gascogne » qui composèrent l'équipage numéro 1, désigné pour réaliser le tir.

Une phase intense d'entraînement fut engagée, au cours de laquelle le Mirage IV A n° 36 fut accidenté le 10 juin 1966 à la suite d'une violente sortie de piste, causée par un problème de désembuage de la cabine lors de l'atterrissage, sans dommages pour l'équipage, mais rendant l'avion hors service pour plusieurs mois.

L'opération « Tamouré », plusieurs fois reportée à cause d'une météo capricieuse, était décidée pour le 19 juillet. La veille au soir la bombe portant le n° 2070, armée d'un cœur nucléaire était accrochée sous le Mirage IV A n° 9. Le départ se fit de nuit et « Mustapha 12 », indicatif du Mirage IV A n° 9, décolla pour une navigation vers le point de largage sur son objectif, accompagné à distance par un Boeing C-135 F Stratotanker.

Le largage eut lieu à 5 h 04 heure locale, à 50 000 pieds à Mach 1,95. À 500 km de là, à Hao, les témoins virent un éclair illuminant la nuit du ciel : l'explosion de l'AN 21 d'une puissance nominale de 70 kilotonnes venait de se produire avec succès, démontrant les performances et la fiabilité de l'ensemble du système d'armes. □

LES PROTOTYPES et LES PRESERIE

Le Mirage IV 01 avec sa dérive dite « cathédrale » qui dut être modifiée
car elle présentait un risque majeur de flottement à partir de Mach 0,8.

Le Mirage IV 01 avec sa dérive redessinée, configuré avec des réservoirs
pendulaires RP 20 de 2 500 litres qui, dans leur version initiale,
n'avaient pas d'ailettes de stabilisation à l'arrière.

Le Mirage IV A 02 de présérie, configuré avec un réservoir mixte
lance-roquettes/lance-grenades pour essais. Sur sa dérive avait été peint
l'insigne de la Base Aérienne 145 de Colomb-Béchar, en Algérie,
où furent effectués de nombreux largages de charges et d'emports,
dont certains furent représentés sous forme de symboles sur la pointe avant du fuselage.

Le Mirage IV A 03 de présérie avait été utilisé lors des essais des conteneurs
de guerre électronique CT 51 dont la mise au point avait nécessité de nombreux essais,
ici configuré avec des réservoirs pendulaires RP 20 de 2 500 l et avec des conteneurs CT 51.

LES MIRAGE IV A

Le Mirage IV A 04 de présérie reçut un grand nombre
d'équipements de série. Il est ici configuré avec des réservoirs
pendulaires RP 20 de 2 500 litres.

Comme le Mirage IV A n° 10, équipé ici de réservoirs pendulaires
RP 20 de 2 500 litres, les premiers Mirage IV A de série mis en service dans les FAS
n'avaient pas reçu de code à deux lettres pour des raisons de confidentialité,
et parce que ces avions étaient destinés à changer d'escadron tous les deux ou trois mois.

Le Mirage IV A n° 12 en configuration « lisse »,
pourvu d'un réservoir « lune » ventral RS 21 de 1 600 litres.

Le Mirage IV A n° 27 en configuration d'entraînement de guerre électronique, équipé de réservoirs pendulaires RP 20 de 2 500 litres et des conteneurs de guerre
électronique CT 51. À partir de 1967, les Mirage IV A reçurent leur code à deux lettres de façon définitive, afin de faciliter leur identification. En revanche,
contrairement aux règles en vigueur au sein des unités de l'Armée de l'Air, les biréacteurs ne portèrent jamais de façon officielle et autorisée leurs insignes de
tradition sur la dérive, essentiellement en raison de la rotation périodique des avions entre les divers escadrons qui aurait nécessité de fréquents changements.

LES MIRAGE IV A

Le Mirage IV A n° 22 emportant une maquette de la bombe atomique AN 21.
Ce Mirage IV A fut détruit dans un accident en 1970.

Afin de célébrer la victoire de son escadron lors de la « Coupe Fantasia »,
le Mirage IV A n° 9 reçut une éphémère décoration sur sa dérive.

Plusieurs Mirage IV A de l'Escadron de Bombardement 3/91
« Beauvaisis » avaient été décorés avec leur insigne de tradition
sur leur dérive à l'occasion d'un détachement pour une campagne d'entraînement
au bombardement à Solenzara, en Corse. Le Mirage IV A n° 5 fut détruit lors d'un accident en 1982.

Le Mirage IV A n° 20 en configuration lisse, avec des bombes d'exercice SAMP 2A
sous sa voûte bombe, à l'occasion d'un détachement pour une campagne
d'entraînement au bombardement à Solenzara. Ce Mirage IV A fut détruit lors d'un accident en 1982.

LES MIRAGE IV A et IV P

Le Mirage IV A n° 57 en configuration d'entraînement pour une mission
longue durée, équipé de réservoirs pendulaires RP 20 de 2 500 litres
et avec un lance-leurres Philips-Matra Phimat.

Le Mirage IV P 01 mena des essais de décollage JATO à Istres,
pour la validation de cette configuration au poids maximal de 32,2 tonnes.
L'appareil était dans ce cas doté de réservoirs RP 20 de 2 500 l du lance-missiles
et du missile ASMP.

Le Mirage IV P 02 effectua de nombreux tirs de maquettes inertes
du missile ASMP sur le champ de tir du Centre d'Essais des Landes.
Ces essais étaient destinés à étudier le comportement du pylône lance-missiles ASMP
ainsi que la trajectoire d'éloignement du missile ASMP depuis cet appareil. D'autres tests furent
également menés avec des missiles ASMP dépourvus de tête nucléaire mais équipés de leur
système de propulsion qui était mis à feu pour contrôler le comportement en vol de cette arme.

Le Mirage IV P n° 13 fut provisoirement détaché au CEAM (Centre
d'Expériences Aériennes Militaires) afin d'effectuer des essais
en vol à Mont-de-Marsan et à Istres.

LES MIRAGE IV P

Le Mirage IV P n° 31 en configuration de reconnaissance,
équipé pour une mission à grande vitesse et à haute altitude
d'un conteneur photographique CT 52 et d'un détecteur-brouilleur
Thomson-CSF Barracuda de type 2.

Le Mirage IV P n° 61 configuré pour une mission
d'entraînement de longue durée avec des réservoirs pendulaires RP 20 de 2 500 l,
une maquette du missile ASMP et un détecteur-brouilleur Thomson-CSF Barracuda
de type 2. L'insigne de l'EB 02.091 « Bretagne » avait été peint sur un fond jaune.

Le Mirage IV P n° 49 configuré avec des réservoirs
pendulaires RP 20 de 2 500 l et un lance-leurres Böfors BOZ 103.
L'insigne de l'EB 02.091 « Bretagne » avait été peint sur un fond blanc.

Le Mirage IV P n° 62 de l'Escadron de Reconnaissance Stratégique
(ERS) 01.091 « Gascogne » avait reçu une décoration provisoire sur sa dérive représentant de façon
stylisée l'insigne des FAS. Cet avion était équipé pour une mission d'entraînement à la reconnaissance lointaine,
avec des réservoirs pendulaires RP 20 de 2 500 l et avec un détecteur-brouilleur de nouvelle génération Thalès Barax NG.

LES MIRAGE IV P

Le Mirage IV P n° 11 de l'ERS 01.091 « Gascogne »,
portant l'insigne de son unité sur sa dérive, participa en 1988 à l'opération
« Aladin » au cours de laquelle il effectua des missions de reconnaissance stratégique
au-dessus de l'Irak au profit des Nations Unies. Les lettres « UN »
(pour United Nations) avaient été ajoutées sur la dérive afin
de faciliter l'identification et éviter d'éventuelles méprises.

Le Mirage IV P n° 25 de l'ERS 01.091 « Gascogne », dont il portait l'insigne sur la dérive, avait
participé à l'opération « Tarpan » au dessus de l'Irak en 2003 pour le compte des Nations Unies.
L'avion était en configuration de guerre avec un conteneur photographique CT 52
et un lance leurres Böfors BOZ 103, permettant le vol en haute altitude à vitesse supersonique.
La dérive avait été marquée du sigle « UN » (United Nations) pour éviter toute confusion
d'identification avec d'autres avions.

Le Mirage IV P n° 23 reçut une décoration spéciale afin de célébrer, en septembre 2004
et à Bordeaux-Mérignac, à la fois le quarantième anniversaire des FAS
et les quarante années de service opérationnel du Mirage IV.

À l'occasion du retrait du service des derniers Mirage IV P de l'Armée de l'Air,
le Mirage IV P n° 59 reçut cette décoration spéciale en prévision de la cérémonie
d'adieu qui se tint le 23 juin 2005 à Mont-de-Marsan.

LES MISSIONS DES MIRAGE IV A

Afin de garder le niveau d'entraînement et le niveau de performance très élevé des personnels affectés aux FAS, en complément aux missions quotidiennes, avait été conçu l'exercice Poker, épreuve aussi nécessaire que redoutée. Cet exercice mensuel consistait à mettre tous les escadrons de Mirage IV A et de Boeing C-135 F Stratotanker en situation de guerre, avec de longues missions jalonnées de ravitaillements en vol, de jour comme de nuit. Au plus fort de l'activité des FAS, dix C-135 F Stratotanker et vingt-quatre Mirage IV A étaient mobilisés par l'exercice « Poker », dont le compte-rendu et le détail des performances réalisées étaient communiqués aux plus hautes autorités de l'État.

L'agitation visible engendrée par ces très importants mouvements d'avions ne pouvait échapper à l'observation d'autres puissances étrangères, qui pouvaient ainsi constater la détermination et la disponibilité opérationnelle de la force de dissuasion nucléaire française.

A cet exercice, toujours en vigueur aujourd'hui au sein des FAS pour les escadrons de Mirage 2000 N et de Boeing C-135 FR assurant la mise

Virage en position perche droite avant un ravitaillement en vol pour le Mirage IV A n° 19, lourdement configuré avec des réservoirs pendulaires RP 20 de 2500 l aux points internes sous voilure et avec des conteneurs de guerre électronique CT 51 aux points externes.

Mise en route imminente des réacteurs pour le Mirage IV A n° 8, comme en témoignait la prise électrique de démarrage encore connectée à l'avion, configuré avec un réservoir ventral RS 21 de 1600 l sous sa voûte bombe et avec des réservoirs pendulaires RP 20 de 2500 l.

en œuvre du missile à tête nucléaire ASMP, s'ajoutaient d'autres exercices d'entraînement, de préparation, de réactivité et de respect des procédures : « Rami », « Domino », « Canasta », « Baccara », « Banco Max », « Banco simple », « Hermès », « Préfas », Evalfas. Ce dernier exercice était assez redouté, car il consistait en une inspection drastique et très complète, faite environ une fois par an à l'improviste dans un escadron (certains escadrons furent évalués plusieurs fois par an).

Pour le reste, les missions des Mirage IV A consistaient en un entraînement très poussé, composé de :

1. Décollage assisté par fusées JATO pour le Mirage IV A n° 42 en configuration lisse, le train d'atterrissage ayant débuté son cycle de rentrée.
2. Le Mirage IV A n° 61 configuré avec des réservoirs pendulaires RP 20 de 2 500 l en vol à basse altitude au-dessus des Pyrénées.
3. Le Mirage IV A n° 34 en position perche droite avant un ravitaillement en vol, configuré avec des réservoirs pendulaires RP 20 de 2 500 l.

4. La mission de dissuasion nucléaire des Mirage IV A imposait 24 h/24 h, 365 jours par an, une qualité d'entretien et de maintenance capable d'assurer la disponibilité maximale des avions des FAS.
Ci-dessous. À la sortie de son hangar en zone d'alerte pour effectuer un vol d'entraînement, le Mirage IV A n° 41 était configuré avec une maquette de la bombe atomique AN 21 et avec des réservoirs pendulaires RP 20 de 2 500 l.

Le Mirage IV A n° 21 configuré avec
des réservoirs pendulaires RP 20 d
2 500 l en position d'attente perch
droite avant un ravitaillement en vo

Le Mirage IV A n° 29 au retour d'un vol d'entraînement en configuration lisse à Solenzara.
À noter l'insigne de l'Escadron de Bombardement 3/91 « Beauvaisis » sur sa dérive.

— Ravitaillements en vol tout temps de jour et de nuit.
— Bombardements fictifs en haute altitude.
— Campagnes de tir de CEN ou de bombes SAMP 2A.
— Exercices de pénétration à haute altitude à grande vitesse.
— Décollages assistés par fusées JATO.
— Exercices d'entraînement à la guerre électronique.

La « Coupe Fantasia », exercice calqué au plus près des phases de la mis
sion de guerre, était organisée une fois par an pour tous les escadrons de bom
bardement. Cette épreuve qui se déroulait pendant une semaine, consistait à

— Faire un largage le plus précis possible d'une maquette de l'arme
nucléaire avec un CEN, chaque escadron disposant d'une couleur spéci
fique apposée sur les CEN.

Ci-dessous. Le Mirage IV A n° 19 configuré avec une maquette de la bombe atomiqu
AN 22, avec des réservoirs pendulaires RP 20 de 2 500 l et avec un lance-leurres Philip
Matra Phimat au point externe sous voilure droit. À partir de 1975, tous les Mirage IV /
reçurent un camouflage adapté à la basse altitude lors de leurs visites d'entretien
en conservant les cocardes de grande dimension avec liseré jaune

appes du train d'atterrissage en cours de fermeture
 décollage du Mirage IV A n° 14, configuré avec une maquette
 la bombe atomique AN 22 et avec des réservoirs
endulaires RP 20 de 2500 l.

(DR)

— Faire un exercice « Poker » noté.

— Effectuer une mission SAMP 2 (bombes d'exercice qui présentaient
s mêmes caractéristiques balistiques que l'arme nucléaire).

— La notation d'une mission supersonique de pénétration avec bom-
ardement fictif.

— Une mission Migex (Mission d'Interception de Guerre électronique
EXercice) ou Super Migex en utilisant les CME contre les attaques des
vions du CAFDA.

— Un ravitaillement noté.

— La stricte application des procédures de décollage et de respect
u temps.

Cette coupe jouissait d'un grand prestige et certains escadrons
éployaient des astuces de toutes sortes pour favoriser leurs partici-
ants, comme cet escadron qui balisait certains points de passage avec
es voitures de pompiers dont le feu rotatif était en marche, pas force-
ent à proximité de leur base.

Le Mirage IV A n° 5 au décollage sur la piste de Solenzara, configuré avec des bombes
d'entraînement SAMP 2A à larguer au large de la Corse sur le champ de tir de Diane.
Fait rarissime pour les escadrons de Mirage IV A qui ne portaient jamais leurs insignes
d'escadron, l'avion avait provisoirement reçu sur sa dérive l'insigne de l'Escadron
de Bombardement 3/91 « Beauvaisis ».

Retour de vol pour le Mirage IV A n° 50 configuré
avec une maquette de la bombe atomique AN 21
sous sa voûte bombe.

45

(Dassault Aviation)

L'ADAPTATION DES MIRAGE IV A POUR LA BASSE ALTITUDE

Dès 1966, il apparaissait que les défenses sol-air et air-air des pays du Pacte de Varsovie, modernisées, renforcées et densifiées allaient contraindre à une évolution de la mission de bombardement nucléaire à haute altitude. La mission de bombardement nucléaire était possible par la pénétration à basse altitude sous les couvertures radar adverses. Les Mirage IV A furent adaptés à ce profil de mission principalement par :

— Le renforcement d'éléments de structure dans la partie avant du fuselage,

— Le renforcement des commandes de vol,

— L'adaptation du SNB et des équipements,

— L'adaptation du pilote automatique,

— L'adaptation des CME,

— Le renforcement des aérofreins.

En outre, à partir de 1975, les Mirage IV A furent adaptés visuellement à la mission basse altitude par l'application d'un camouflage deux tons, gris foncé et vert foncé, ceci au fur et à mesure de leurs grandes visites d'entretien. Ce changement du profil de la mission de bombardement nucléaire imposa aux équipages une technique nouvelle de largage tout temps à basse altitude, dite en « LADD » (Low Altitude Drop Delivery), qui consistait en :

— Une prise d'axe à très basse altitude, entre 300 et 500 pieds et à haute vitesse : entre 450 et 600 kts.

— Une navigation avec recalages vers l'objectif désigné.

— Un cabré du Mirage IV A de 30° au « top » donné par le navigateur.

— Un largage du CEN, puis pour le Mirage IV A : un passage dos, un demi tonneau nez à 15° sous l'horizon, un second demi-tonneau, 30° de piqué pleins gaz sec et une évasive.

Aux missions d'entraînement déjà en place, c'est naturellement que

Le Mirage IV A n° 43 en position perche droite avant un ravitaillement en vol, configuré avec des réservoirs pendulaires RP 20 de 2 500 l et avec un lance-leurres Philips Matra Phimat au point externe sous voilure gauche.

Ci-dessou
Vol à très basse altitude pour ce Mirage IV A configuré avec des réservoir pendulaires RP 20 de 2 500 l, montrant l'efficacité du camouflage de l'avio

s'ajoutèrent les entraînements à très basse altitude et les largages e LADD. En parallèle, les missions de guerre électronique furent densi fiées, avec des exercices impliquant la Défense Aérienne (exercice « Barrage »), l'armée de Terre, et la Marine Nationale (exercices « Fr ture ») ; ainsi que des missions sur des polygones de guerre électro nique qui permettaient la reconstitution des menaces soviétiques, e Grande-Bretagne, à Spadeadam, ou en Allemagne, à Ramstein.

. Décollage assisté par fusées JATO pour
e Mirage IV A n° 1 en configuration lourde
vec des réservoirs pendulaires RP 20
le 2500 l, soit une masse à pleine charge
le plus de 32 tonnes. À noter la taille réduite
les cocardes, dont le liseré jaune
vait disparu.

. À la sortie de son hangar en zone d'alerte,
e Mirage IV A n° 59 au départ d'une mission
l'entraînement, configuré avec une maquette
le la bombe atomique AN 22, avec
les réservoirs pendulaires RP 20 de 2500 l
t avec un lance-leurres Philips Matra Phimat
u point externe sous voilure gauche.

. En virage à droite, un Mirage IV A configuré
vec une maquette de la bombe atomique AN
2 et avec des réservoirs pendulaires RP 20
le 2500 l. À noter les absences de charges
ux points externes sous voilure et de lances
eurres Alkan F1 A sous le croupion de l'avion.

. Un conteneur d'entraînement nucléaire
CEN 22 ayant atterri dans un champ. Chaque
scadron de Mirage IV A s'était vu attribuer
ne couleur pour faciliter la restitution
les résultats lors des campagnes de tir.

. Le Mirage IV A n° 61 lors d'un vol d'essais
vec sous sa voûte bombe le conteneur
hotographique CT 52 dans sa version
nitiale.

AUX ORIGINES DE LA
RECONNAISSANCE
STRATEGIQUE LOINTAINE

Les douze derniers Mirage IV A livrés avaient la capacité d'emport du conteneur de reconnaissance stratégique CT 52, capacité qui fut ensuite donnée au fil de l'eau aux Mirage IV A qui passaient en grande visite d'entretien.

Ce fut naturellement que cette nouvelle capacité fut utilisée au sein du CIFAS 328 Aquitaine, unité chargée de la transformation des équipages sur Mirage IV A.

En 1974, les Mirage IV A effectuèrent des missions ultra-secrètes de reconnaissance, lors de l'« affaire Claustre », cette ethnologue du CNRS enlevée par des rebelles dans le territoire du Tibesti au Nord du Tchad. La France envisageait la récupération de l'otage, opération qui nécessitait une connaissance très précise du terrain. Aussi, les Mirage IV A n° 54, code « CA » et n° 57 code « CD » (en « spare », soit en réserve) furent préparés pour la mission en configuration lourde, avec un conteneur photo-

Le Mirage IV A n° 51 en virage à gauche, très lourdement configuré avec un conteneu photographique CT 52 sous sa voûte bombe, avec des lances leurres Alkan F1 A sous l croupion, avec des réservoirs pendulaires RP 20 de 2 500 l aux points internes sous voilur et avec des conteneurs de guerre électronique CT 51 aux points externes sous voilure

graphique CT 52 en point ventral, avec deux réservoirs pendulaires RF 20 de 2 500 l aux points internes sous voilure et deux conteneurs de guer re électronique CT 51 aux points externes sous voilure, équipés de CME Mangouste.

Le long trajet nécessitait l'assistance de cinq Boeing C-135 F Strato tanker et la première mission, réalisée le 11 septembre 1974, fut un suc cès. Une seconde mission, d'une durée de 8 h 05 avec un total de 32 ton nes de pétrole transféré, se déroula le 14 septembre, les deux Mirage IV A étant allégés par l'absence de réservoirs pendulaires RP 20 de 2 500

La plus longue mission jamais faite par un Mirage IV A eut lieu le

Le Mirage IV A n° 54 au point fixe avant un décollage de la piste de Creil était configuré avec des réservoirs pendulaires RP 20 de 2 500 l.

LE CONTENEUR TECHNIQUE CT 52

Développé par les Avions Marcel Dassault (AMD) et Hurel Dubois, ce conteneur à capacité supersonique fut mis au point entre octobre 1969 et avril 1970 à Mont-de-Marsan, lors de tests et d'essais portant sur :

— **Le système de conditionnement d'air** assurant une température constante de 32° quelles que soient l'altitude et la vitesse,

— **La qualité optique et la résistance des verres des hublots**, le fonctionnement des caméras et de leurs éléments de commande,

— **Les instruments et les indicateurs de contrôle** des caméras aux postes pilote et navigateur,

— **L'exploration du domaine de vol** du Mirage IV A équipé du conteneur.

Le conteneur CT 52 se fixait à la voûte bombe après changement de son plancher, avec deux points d'accrochage, possédait deux points d'alignement et de centrage, ainsi que des prises électriques le reliant à l'avion. Composé de trois compartiments, le conteneur CT 52 était pourvu de caméras permettant :

— **Des prises de vues en basse altitude de jour**, entre 150 et 5 000 pieds, pour une vitesse allant de 315 à 630 nœuds, avec 4 caméras OMERA 35 de 75 mm et de 150 mm, dotées chacune d'un magasin de 360 vues, dans le compartiment avant.

— **Des prises de vues en haute altitude**, entre 5 000 et 56 000 pieds, avec une caméra WILD RC8F de 152 mm, dotée d'un magasin de 240 ou de 320 vues ; et de trois caméras OMERA HA TRI de 600 mm, dotées chacune d'un magasin de 880 vues, dans le compartiment central.

— **Des prises de vues** pouvaient être faites avec un analyseur infrarouge Super Cyclope, utilisable de jour comme de nuit. Enfin, le compartiment arrière renfermait le système de conditionnement du conteneur de reconnaissance.

CARACTERISTIQUES

Poids à vide	425 kg
Poids équipé	820 kg
Longueur	5,88 m
Largeur	0,78 m
Hauteur	0,835 m

8 février 1986 lors de l'opération « Tobus », avec le Mirage IV A n° 31, ode « BD ». Deux jours plus tôt, le 16 février 1986, l'opération « Trionyx » enée par onze Jaguar A de l'Escadron de Chasse 1/11 « Roussillon », ait consisté à bombarder la piste de Ouadi-Doum utilisée par les Libyens u Tchad, ce qui constituait une menace.

Pour faire l'évaluation en « post strike » du raid, le Mirage IV A n° 31 fit e mission de reconnaissance lointaine couronnée de succès, qui dura nze heures avec douze ravitaillements en vol pour 48 tonnes de pétro- transféré, allant à la limite d'utilisation des réacteurs Atar 9 K, car la brification des paliers deux et trois du compresseur se faisait à huile erdue.

Le conteneur photographique CT 52 était fixé semi-encastré sous la voûte bombe des Mirage IV, dont le plancher était changé à cet effet.

Un conteneur photographique CT 52 avec les trappes d'accès aux caméras ouvertes. Ces trappes étaient pourvues de hublots pour les prises de vues.

Ci-dessous.

Au-dessus de l'Afrique lors de l'opération Tobus, le Mirage IV A n° 31 configuré avec des réservoirs pendulaires RP 20 de 2 500 l, avant contact de sa perche de ravitaillement en vol avec le panier du « flying boom » d'un Boeing C-135 F Stratotanker.

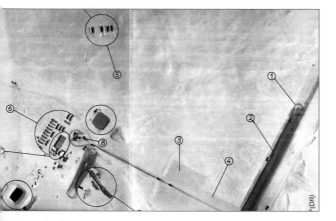

rise de vue réalisée par le Mirage IV A n° 31 au-dessus de la piste de Ouadi Doum, les chiffres orrespondaient au marquage par les officiers de renseignement pour l'interprétation du cliché.

Le Mirage IV A n° 31 au roulage avant un vol d'entraînement, configuré avec des réservoirs pendulaires RP 20 de 2 500 l.

Le Mirage IV A n° 24 avait été spécialement décoré pour la dissolution de l'Escadron de Bombardement 2/94 « Marne » dernière unité à mettre en service à Saint-Dizier jusqu'en juillet 1988 des Mirage IV A dédiés à la mission nucléaire

Le Mirage IV A n° 7 au roulage à Istres, configuré avec un lance-missiles ASMP, avec une maquette du missile ASMP en point ventral, avec des réservoirs pendulaires RP 20 de 2 500 l et avec des conteneurs de guerre électronique CT51.

(Dassault Aviation)

A TRANSFORMATION DU MIRAGE IV A EN

MIRAGE IV P

Le principe d'emport d'un missile par un Mirage IV A avait été envisa-
gé dès 1960 avec les engins Matra Dassault Gamma II et Gamma IV, solution finalement abandonnée. L'histoire allait rattraper le temps à la faveur
de la mise en œuvre du missile Aérospatiale ASMP (Air Sol Moyenne Portée) à tête thermonucléaire, dont la puissance peut varier de 100 à 300
kilotonnes, qui est capable d'atteindre son objectif à 80 km en trajectoire
basse altitude ou à 400 km en trajectoire à haute altitude.

Initialement, ce missile devait être emporté par une version dérivée du
Mirage 2000 B, le Mirage 2000 N biplace, dont la mise au point du radar
de bord Antilope 5, capable de suivi de terrain allait se révéler plus complexe et plus longue que prévue. Certains Mirage IV A présentant un potentiel d'heures de vol conséquent, décision fut prise en 1979 de transformer
le Mirage IV A en Mirage IV P — « P pour Pénétration » — en les rendant capables de tir du missile ASMP, ce qui préservait ainsi la dimension
stratégique de la force de dissuasion française en attendant que le Mirage 2000 N eût achevé son développement. Un dix-neuvième Mirage IV P
fut transformé suite à la destruction en décembre 1987 du Mirage IV P
n° 51, code « AX », dans un accident imputable à une grave avarie moteurs.

Cette évolution du Mirage IV A fut possible grâce à une qualité sans
failles d'entretien et de maintenance d'exceptionnelle qualité au sein des
unités spécialisées de l'Armée de l'Air et chez Dassault, tout au long de
ses années de service opérationnel.

Les principales transformations du Mirage IV A en Mirage IV P consis-
tèrent à :

— Adapter la soute bombe pour recevoir le lance-missiles ASMP et le
missile ASMP.

— Mettre en place une centrale aérodynamique et un poste HF.

— Installer de nouvelles CME internes (système SERVAL).

— Installer un nouveau SNB avec un radar ARCANA (Appareil de Recalage de Cartographie et d'Aide à la Navigation Aveugle).

— Refondre complètement les postes pilote et navigateur.

Les Mirage IV A n° 4, code « AC » et n° 8, code « AG » furent utilisés

Le Mirage IV A n° 4 en virage à droite, emportant un lance-missiles ASMP servant de pylône, une maquette du missile ASMP en point ventral et des conteneurs d'essais renfermant des caméras aux points externes sous voilure. À noter en avant du radôme du radar panoramique, le bossage protégeant une caméra montée pour filmer le largage de la maquette.

(DR)

Le Mirage IV A n° 8 ici en configuration lisse fut utilisé pour les essais de mise au point du radar ARCANA.

(DR)

51

1

3

(Dassault Aviation)

(Dassault Aviatic

2

(H. Beaumont)

4

5

dans le programme de développement initial. Puis le Mirage IV A n°
code « AF », fut transformé en prototype Mirage IV P 01 et effectua s¢
premier vol le 12 octobre 1982, avec J.-M. Saget pilote et R. Le Coz na
gateur. Le Mirage IV A n° 28, code « BA », fut transformé en prototy
Mirage IV P 02 et fit son premier vol le 11 mai 1983, avec H. Leprince-R
guet pilote et R. Le Coz navigateur.

Le programme de développement des prototypes consista essentiel
ment à l'ouverture et à l'exploration du domaine de vol, à la mise au poi
des systèmes électroniques, du radar ARCANA, des systèmes de CM
ainsi qu'aux essais d'emports et de largages et de tirs du missile ASM

De 1983 à 1989, l'Atelier Industriel de l'Air (AIA) de Clermont-Ferra
procéda à la transformation en Mirage IV P des Mirage IV A n°: 11, 1
23, 25, 26, 31, 36, 48, 49, 51, 52, 53, 54, 55, 56, 57, 59, 61 et 62.

1. Décollage assisté par fusées JATO du Mirage IV A n° 7
pour un essai en configuration lourde avec un lance-missiles ASMP, avec une maquette du missile ASMP en point
ventral et avec des réservoirs pendulaires RP 20 de 2500 l.
2. Un lance-missiles ASMP fixé sur le plancher adapté
à la voûte bombe et une maquette du missile ASMP sous
un Mirage IV P. Le lance-missiles ASMP remplissait la fonc-

tion de pylône et permettait l'éjection du missile à distance
de l'avion avant sa mise à feu.
3. Le Mirage IV P 02 avant un largage d'essais au Centre
d'Essais des Landes, était configuré avec un lance-missiles
ASMP, avec une maquette du missile ASMP en point ventral
sous la voûte bombe et avec des conteneurs d'essais renfermant des caméras aux points externes sous voilure.

4. Le radôme du radar ARCANA d'un Mirage IV P.
5. Lance-missiles ASMP et missile ASMP
sous un Mirage IV P.
6. Le Mirage IV P 01 à Cazaux, configuré avec
un lance-missiles ASMP, avec une maquette du missile
ASMP en point ventral et avec des conteneurs d'essais
renfermant des caméras aux points externes sous voilure.

6

(DR)

Mirage IV P

(Dassault Aviation)

LES MISSIONS DES MIRAGE IV P

Deux escadrons de bombardement purent être dotés de Mirage IV P, l'Escadron de Bombardement (EB) 1/91 « Gascogne » déclaré opérationnel en mai 1986 et l'EB 2/91 « Bretagne » déclaré opérationnel en décembre 1986, chacun doté de six Mirage IV P, les autres avions étant affectés au CIFAS 328 « Aquitaine » pour la transformation et l'instruction des équipages.

L'évolution de la composante nucléaire française, (reposant désormais aussi sur les missiles sol-sol balistiques stratégiques du plateau d'Albion et sur les missiles mer-sol balistiques stratégiques des SNLE), avait assoupli les régimes d'alerte nucléaire des Mirage IV P. Pour le reste, les missions d'entraînement des escadrons de Mirage IV P consistaient à des participations aux exercices Poker et Banco, à des missions de ravitaillement en vol, à des missions d'instruction et à des simulations de tir du missile ASMP.

Les autres missions étaient réparties en des missions de guerre électronique, dont les exercices « Friture » avec la marine nationale (le navire Colbert avait reçu le surnom de « taupe des mers » compte tenu des résultats des assauts sur ce bâtiment). En mission secondaire, les Mirage IV P assuraient des missions de reconnaissance stratégique, comme en 1994 et 1995 où ils furent engagés dans des missions de guerre lors du conflit de Bosnie-Herzégovine.

En 1996, la mission nucléaire par vecteur aérien piloté fut exclusivement confiée aux Mirage 2000 N emportant le missile ASMP de Luxeuil : Escadron de Chasse 1/4 « Dauphiné » et EC 2/4 « La Fayette » et d'Istres : EC 3/4 « Limousin ».

Ce transfert de mission permit l'utilisation des Mirage IV P à la seule et précieuse mission de reconnaissance stratégique, reposant désormais sur l'Escadron de Reconnaissance Stratégique 01.091 « Gascogne », l'Escadron de Bombardement 2/91 « Bretagne » devenant l'Escadron de Ravitaillement en Vol 00.093 « Bretagne », transféré à Istres et regroupant tous les avions ravitailleurs Boeing C-135 FR Stratotanker.

Grâce à son rayon d'action (5 000 km), à ses importantes réserves en carburant et à sa vitesse soutenue (Mach 2 pendant 20 à 40 minutes), le Mirage IV P configuré avec le conteneur photographique CT 52

Le Mirage IV P n° 52 au roulage avant un vol d'entraînement, configuré avec un lance-missiles ASMP et avec une maquette du missile ASMP en point ventral, avec des réservoirs pendulaires RP 20 de 2 500 l et avec un détecteur brouilleur Thomson CSF Barracuda de type 2 au point externe sous voilure gauche.

Un lance-leurres Böfors BOZ 103 au point externe sous voilure droit sous un **Mirage IV P.**

(H. Beaumont)

s'était avéré être une plateforme de reconnaissance remarquable et sans équivalent.

L'équipement en CME du Mirage IV P avait été complété par la capacité d'emport du :

— Conteneur détecteur brouilleur Thomson CSF Barracuda de type 2 au point externe sous voilure gauche, ultérieurement remplacé par le plus performant conteneur détecteur brouilleur Thalès Barax NG.

— Lance leurres Böfors BOZ 103 au point externe sous voilure droit.

Les missions d'entraînement de reconnaissance stratégique des Mirage IV P étaient réparties entre les missions de longue distance à

(suite page 57) 53

1. Détecteur du système Thomson CSF SERVAL de secteur avant droit, monté en bouts d'ailes d'un Mirage IV P.
2. L'antenne omnidirectionnelle du détecteur Thomson CSF SERVAL, située sous l'avant du fuselage d'un Mirage IV P.
3. Détecteur du système Thomson CSF SERVAL de secteur arrière gauche, monté dans le prolongement de la prise d'air de refroidissement supérieure de la tuyère gauche d'un Mirage IV P.
4. Le détecteur brouilleur Thomson CSF Barracuda de type 2 au point externe sous voilure gauche d'un Mirage IV P.
5. Les antennes sabre du détecteur brouilleur Agasol étaient situées à la naissance de la perche de ravitaillement en vol. Les gouttières placées entre les antennes permettaient d'éviter les interférences
6. Le détecteur brouilleur Thalès Barax NG, plus performant, avait remplacé le détecteur brouilleur Thomson CSF Barracuda de type 2.

Le Mirage IV P n° 49 emportant un lance-missiles ASMP et une maquette du missile ASMP en point ventral, avec des réservoirs pendulaires RP 20 de 2500 l et avec un détecteur brouilleur Thomson CSF Barracuda de type 2.

Le Mirage IV P n° 48 emportant un lance-missiles ASMP et une maquette du missile ASMP en point ventral, avec des réservoirs pendulaires RP 20 de 2500 l et avec un lance leurres Böfors BOZ 103 au point externe sous voilure droit.

Le Mirage IV P n° 52 au décollage de la piste de Mont-de-Marsan, postcombustions à pleine charge, configuré avec un lance-missiles ASMP et avec une maquette du missile ASMP en point ventral avec des réservoirs pendulaires RP 20 de 2500 l.

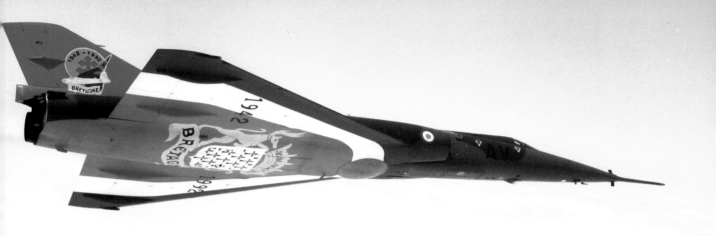

(ERS 1/91 Gascogne)

...age ci-contre
... haut.
...our célébrer les 50 ans de l'Escadron
... Bombardement 2/91 « Bretagne »
... 1992, le Mirage IV P n° 23 avait reçu
...e décoration spéciale.

...u centre.
... 1994, à l'occasion des 30 ans
...es FAS, le Mirage IV P n° 34 avait
...çu une décoration spéciale.

... bas.
... Mirage IV P n° 57 avait été décoré
...écialement à l'occasion
... la dissolution de l'Escadron
... Bombardement 2/91 « Bretagne »
... juillet 1996.

Ci-dessus. **En 1988 au-dessus de l'Irak,**
lors de l'opération « Aladin »
pour le compte des Nations Unies,
le Mirage IV P n° 11 en configuration lisse.
L'avion portait le sigle « UN » (United
Nations) sur sa dérive pour éviter
toute confusion d'identification.

Ci-contre. **Lors de l'opération Aladin**
au-dessus de l'Irak, le Mirage IV P n° 11
avait reçu une décoration temporaire
à l'avant du poste pilote.

Ci-dessous. **À proximité du phare**
de Cordouan dans l'estuaire
de la Gironde, passage à basse altitude
du Mirage IV P n° 62, configuré avec des
réservoirs pendulaires RP 20 de 2 500 l.

(ERS 1/91 Gascogne)

(ERS 1/91 Gascogne)

...uite de la page 53)

...étranger, la réalisation de catalogues d'imagerie, la participation à
...s exercices nationaux.

Les missions « Javelot », au profit de la Direction du Renseigne-
...ent Militaire (D.R.M.), étaient secrètes et mobilisaient un Boeing C-
...35 FR Stratotanker d'accompagnement. Des déploiements à longue
...stance, principalement en Afrique, étaient régulièrement organisés
...ans le cadre des missions « Chistera ».

Les Mirage IV P ont été soumis jusqu'à leur retrait du service à un
...gime d'alerte à 24 heures, l'escadron devant avoir en permanence
...eux avions disponibles opérationnels avec un Alpha Jet en complé-
...ent, ainsi que les personnels nécessaires.

Au cours des dernières années, les Mirage IV P ont participé à des

57

(PRS M/91 Gasmonnet)

Ci-dessus.
Le Mirage IV P n° 56 en virage à droite, en configuration de guerre, avec un conteneur photographique CT 52 semi-encastré sous sa voûte bombe, avec des réservoirs pendulaires RP 20 de 2 500 l aux points internes sous voilure, avec un détecteur brouilleur Thomson CSF Barracuda de type 2 au point externe sous voilure gauche, avec un lance leurres Böfors BOZ 103 au point externe sous voilure droite et avec des lances leurres internes Alkan F1 A sous le croupion.

Ci-contre.
Détail de l'insigne des FAS peint provisoirement sur la dérive du Mirage IV P n° 62.

En bas.
Au roulage avant une mission d'entraînement, le Mirage IV P n° 13 configuré avec des réservoirs pendulaires RP 20 de 2 500 l et avec un détecteur brouilleur Thomson CSF Barracuda de type 2 au point externe sous voilure gauche.
À noter l'insigne de l'Escadron de Bombardement 2/91 « Bretagne » sur la dérive, ainsi que les différents tons de peinture.

multiples opérations de guerre en réalisant de très nombreuses missions dans le cadre de forces coalisées :

— L'opération « Crécerelle » en Bosnie-Herzégovine en 1994 et 1995.
— L'opération « Condor » aux Îles Hanish en 1996, (médiation de la France pour le compte de l'ONU dans le conflit opposant l'Érythrée au Yémen),
— L'opération « Trident » au Kosovo en 1998,
— L'opération « Aladin » en Irak pour le compte de l'ONU en 1998,
— L'opération « Héraclès » en Afghanistan en 2001,
— L'opération « Tarpan » en Irak pour le compte de l'ONU en 2003.

(H. Beaumont)

Dernier décollage assisté par fusées JATO de l'histoire du Mirage IV par le Mirage IV P n° 36, le 28 mars 2000 à Mont-de-Marsan.

Le Mirage IV P n° 57 configuré avec des réservoirs pendulaires RP 20 de 2 500 l à l'atterrissage à Mont-de-Marsan.

Les Mirage IV P n° 25 et n° 53 agissant sous mandat des Nations Unies lors de l'opération Tarpan, avaient reçu un marquage d'identification « UN » (United Nations) sur leur dérive.

(DR)

(ERS 01/091 Gascogne)

(H. Beaumont)

Le Mirage IV P n° 62 sur le parking de l'Escadron de Reconnaissance Stratégique 01/091 à Mont-de-Marsan, entouré de ses matériels de servitude. À noter l'insigne des FAS sur sa dérive.

Mise en route des réacteurs du Mirage IV P n° 61 pour un départ en mission de nuit, configuré avec un conteneur photographique CT 52 et avec des réservoirs pendulaires RP 20 de 2 500 l.

(ERS 01/091 Gascogne)

Le Mirage IV P n° 53 en mission de guerre au-dessus de l'Afghanistan lors de l'opération Heraklès, configuré avec un conteneur photographique CT 52 en point ventral, avec un détecteur brouilleur Thalès Barax NG au point externe sous voilure gauche et avec un lance leurres Böfors BOZ 103 au point externe sous voilure droit.

Le lettrage en langue arabe sur le gouvernail de dérive du Mirage IV P n° 11 était apparu lors de l'opération « Aladin ».

Vol en patrouille serrée des Mirage IV P n° 36 et n° 61 configurés avec des réservoirs pendulaires RP 20 de 2500 l

À Cazaux, le Mirage IV P n° 34 portant l'insigne de l'Escadron de Bombardement 2/91 « Bretagne » sur la dérive, configuré avec des réservoirs pendulaires RP 20 de 2500 l et avec un détecteur brouilleur Barracuda de type 2 au point externe sous voilure gauche.

Le Mirage IV P n° 25 au roulage sur la piste d'Al Kharj en Arabie Saoudite au départ d'une mission Tarpan au-dessus de l'Irak, configuré avec un conteneur photographique CT 52 en point ventral, avec un lance-leurres Böfors BOZ 103 au point externe sous voilure droit et avec un détecteur brouilleur Thalès Barax NG au point externe sous voilure gauche.

En virage à droite, le Mirage IV P n° 11, dérive ornée de l'insigne de l'Escadron de Bombardement 1/91 « Gascogne », emportait un conteneur photographique CT 52 semi-encastré dans sa voûte bombe, avec des réservoirs pendulaires RP 20 de 2500 l aux points internes sous voilure et avec des lance-leurres internes Alkan F1 A sous le croupion.

(ERS 01/091 Gascogne)

Le Mirage IV P n° 26 de l'Escadron de Bombardement 2/91 « Bretagne », configuré avec une maquette du missile ASMP en point ventral, avec des réservoirs pendulaires RP 20 de 2500 l et avec au point externe sous voilure droit un lance leurres Böfors BOZ 103.

(H. Beaumont)

61

1964 ✕ 2004

LA FIN DES MIRAGE IV P

LES 40 ANS DES FORCES AERIENNES STRATEGIQUES

En septembre 2004, la base aérienne de Bordeaux-Mérignac a accueilli la commémoration conjointe des quarante ans des FAS et des quarante ans de service du Mirage IV, performance remarquable pour un avion de combat de première ligne.

À cette occasion une stèle avait été inaugurée par le commandant des FAS, au pied du Mirage IV P n° 11, désormais en exposition statique à l'entrée de la base. Le Mirage IV P n° 23 et le Boeing C-135 FR Strato-tanker n° 63-8 471 avaient été spécialement décorés pour cette occasion.

LE RETRAIT DU SERVICE DES MIRAGE IV P

En 1996, l'objectif des FAS était la prolongation du potentiel des Mira-ge IV P jusqu'en 2005. Pour y parvenir, les niveaux d'entretien et de main-tenance furent densifiés en collaboration avec Dassault Aviation. Les limi-tes des Mirage IV P étaient focalisées sur le fuselage, sur les voilures et sur les cycles d'atterrissage. Malgré l'absence de moyen de reconnais-sance stratégique équivalent, aucune étude de prolongement de l'utilisa-tion des Mirage IV P ne fut entreprise.

La fin opérationnelle de l'Escadron de Reconnaissance Stratégique 1/91 « Gascogne » et le retrait des avions restants avaient été fixées à juin 2005. Le 23 juin 2005, une journée de commémoration fut organisée à Mont-de-Marsan, avant que les derniers Mirage IV P ne soient convoyés pour leur tout dernier vol sur les bases pour y être préservés. Officiellement, le dernier Mira-ge IV P à s'être posé est le n° 62, remis au musée de l'Air du Bourget.

Cet avion unique laissera une trace majeure dans l'histoire de l'armée de l'air, dans la vie de ceux qui l'ont servi, dans l'histoire de la France, car

la grandeur d'une nation se juge aussi à son inlassable action à la défe se de la liberté, à laquelle participèrent les FAS, tous leurs personnels, le membres d'équipages disparus sur Mirage IV et à tous ceux qui ont fa de cet avion d'exception un instrument de paix pour la France.

(ERS 01/91 Gascogne)

(H. Baumont)

Fin juin 2005, le Mirage IV P n° 59 avait reçu une décoration spéciale
à l'occasion du retrait du service des derniers Mirage IV P.

Le Mirage IV P n° 59 au départ
de la toute dernière mission
officielle d'un Mirage IV,
le 23 juin 2005 à Mont-de-Marsan.
L'avion est en configuration
lisse et venait de recevoir
l'autorisation de départ
de son chef avion.

Pour son adieu aux armes le 23 juin 2005,
vol en formation du Mirage IV P n° 59
accompagné par la Patrouille de France.

65

SITUATION DES MIRAGE IV A ET DES MIRAGE IV P

Mirage IV 01	Accident, détruit le 13 février 1963.	Mirage IV A n° 20 AS	Accident détruit le 14 mai 1982.	Mirage IV A n° 44 BQ	Stocké à Châteaudun.
Mirage IV A 02	Musée de l'air du Bourget.	Mirage IV A n° 21 AT	Stocké à Châteaudun.	Mirage IV A n° 45 BR	Musée des sciences de La Villette.
Mirage IV A 03	Ferraillé (partie avant du fuselage au musée conservatoire d'Aquitaine).	Mirage IV A n° 22 AU	Accident, détruit le 9 janvier 1970.	Mirage IV A n° 46 BS	Stocké à Châteaudun.
		Mirage IV P n° 23 AV	Préservé sur la base de Cazaux.	Mirage IV A n° 47 BT	Stocké à Châteaudun.
Mirage IV A 04	Accident, détruit le 23 octobre 1968.	Mirage IV P n° 24 AW	Stocké à Châteaudun.	Mirage IV P n° 48 BU	Sortie de piste le 20 juin 1994, avion réformé.
Mirage IV A n° 1 AP*	Musée de Châteaudun.	Mirage IV P n° 25 AX	Préservé sur la base de Brétigny sur Orge.		
Mirage IV A n° 2 AA	Accident, détruit, le 26 septembre 1973.			Mirage IV P n° 49 BV	Stocké à Châteaudun.
		Mirage IV P n° 26 AY	Stocké à Châteaudun.	Mirage IV P n° 50 BW	Accident, détruit le 18 juin 1973.
Mirage IV A n° 3 AB	Accident, détruit le 30 mai 1978.	Mirage IV A n° 27 AZ	Stocké à Châteaudun.	Mirage IV P n° 51 BX	Accident, détruit le 2 décembre 1987.
Mirage IV A n° 4 AC	Préservé sur la base de Rochefort.	Mirage IV A n° 28 BA	Stocké à Châteaudun.	Mirage IV P n° 52 BY	Stocké à Châteaudun.
Mirage IV A n° 5 AD	Accident, détruit le 21 avril 1982.	Mirage IV A n° 29 BB	Préservé sur la base d'Avord.	Mirage IV P n° 53 BZ	Stocké à Châteaudun.
Mirage IV A n° 6 AE	Musée de Savigny les Beaune.	Mirage IV P n° 30 BC	Accident, détruit le 12 octobre 1971.	Mirage IV P n° 54 CA	Stocké à Châteaudun.
Mirage IV A n° 7 AF	Stocké à Châteaudun.	Mirage IV P n° 31 BD	Stocké à Châteaudun.	Mirage IV P n° 55 CB	Stocké à Châteaudun.
Mirage IV A n° 8 AG	Epave CEAT Toulouse.	Mirage IV P n° 32 BE	Stocké à Châteaudun.	Mirage IV P n° 56 CC	Musée conservatoire d'Aquitaine.
Mirage IV A n° 9 AH	Musée de l'air du Bourget.	Mirage IV A n° 33 BF	Accident, détruit le 15 mai 1973.	Mirage IV P n° 57 CD	Stocké à Châteaudun.
Mirage IV A n° 10 AI	Accident, détruit le 24 juillet 1969.	Mirage IV A n° 34 BG	Stocké à Châteaudun.	Mirage IV A n° 58 CE	Accident, détruit le 7 octobre 1977.
Mirage IV P n° 11 AJ	Préservé sur la base de Bordeaux Mérignac.	Mirage IV P n° 35 BH	Accident, détruit le 17 août 1966.	Mirage IV P n° 59 CF	Préservé sur la base de Creil.
		Mirage IV P n° 36 BI	Préservé sur la base d'Istres.	Mirage IV A n° 60 CG	Accident, détruit le 19 novembre 1971.
Mirage IV A n° 12 AK	Réformé en juin 1986.	Mirage IV P n° 37 BJ	Préservé sur la base d'Orange.	Mirage IV P n° 61 CH	Préservé sur la base de Saint-Dizier.
Mirage IV P n° 13 AL	Ferraillé à Bordeaux Mérignac.	Mirage IV A n° 38 BK	Accident, détruit le 14 février 1966.	Mirage IV P n° 62 CI	Musée de l'air du Bourget.
Mirage IV A n° 14 AM	Stocké à Châteaudun.	Mirage IV P n° 39 BL	Accident, détruit le 20 août 1986.		
Mirage IV A n° 15 AN	Accident, détruit le 9 janvier 1975.	Mirage IV A n° 40 BM	Accident, détruit le 30 mars 1973.	*Détaché de l'Armée de l'Air pour mener des essais avant l'application du codage à deux lettres des Mirage IV A, le Mirage IV A n° 1 reçut à son retour en ligne le code AP, initialement destiné au Mirage IV A n° 17 qui avait été détruit entre temps dans un accident.	
Mirage IV A n° 16 AO	Préservé sur la base de Saint-Dizier.	Mirage IV A n° 41 BN	Accident, détruit le 30 mai 1978.		
Mirage IV A n° 17 AP*	Accident, détruit le 4 mai 1966.	Mirage IV A n° 42 BO	Accident, détruit le 10 juin 1981.		
Mirage IV A n° 18 AQ	Musée de Savigny les Beaune.	Mirage IV A n° 43 BP	Préservé sur la base de Mont-de-Marsan.		
Mirage IV A n° 19 AR	Stocké à Châteaudun.				

Dessin de couverture. **Le Mirage IV A 02 de présérie, configuré avec des réservoirs pendulaires RP 20 de 2 500 litres et de bombes STRIM de 400 kg. L'avion était dépourvu de sa perche de ravitaillement en vol, remplacée par une perche anémométrique.**

Photo de couverture © Hervé Beaumont

Dessin de quatrième de couverture. **Le Mirage IV A n° 44 en configuration lisse et avec des bâtis JATO. Cette configuration était utilisée en escadron lors d'entraînements au décollage assisté par fusées ou au cours de démonstrations publiques.**

Conception, création et réalisation Dominique Breffort et Jean-Marie Mongin
© Histoire & Collections 2007

ISBN : 978-2-35250-024-7

Numéro d'éditeur : 35250

Dépôt légal : 4ᵉ trimestre 2007

© Histoire & Collections 2007

Un ouvrage édité par
HISTOIRE & COLLECTIONS
SA au capital de 182 938, 82 €
5, avenue de la République F-75541 Paris Cedex 11

▶ N° Indigo 0 820 888 911
0,118 € TTC / MN

Fax 01 47 00 51 11
www.histoireetcollections.fr

Cet ouvrage a été conçu, composé et réalisé par *Histoire & Collections* entièrement sur stations informatiques intégrées.
Photogravure : *Studio A & C*

Achevé d'imprimer en octobre 2007 sur les presses de Elkar, Espagne Union européenne.